문학, 사랑을 말하다

이규식 편저

오늘의
문학사

국립중앙도서관 출판시도서목록(CIP)

문학, 사랑을 말하다 / 편저자: 이규식. -- 대전 : 오늘의 문학사, 2013
p. ; cm
ISBN 978-89-5669-561-7 03800 : ₩12000
문학(예술)[文學]
809.07-KDC5
809.9335-DDC21 CIP2013010432

문학, 사랑을 말하다

책을 펴내며

문학의 으뜸가는 성취는 사랑의 형상화

편저자 이 규 식

동서양 여러 나라 문학작품에 나타난 '사랑' 을 주제로 열두 편의 공들인 원고를 엮어 새로운 책을 만든다. 2010년부터 2012년까지 계간 『문학사랑』에 실린 글로서 우리나라 문예지 출판사상 의미있는 방점을 찍을 것으로 생각한다.

이보다 앞서 2004년 출간한 『오늘의 서양문학』은 20세기가 저물고 뉴 밀레니엄에 즈음하여 동, 서양 문학의 현주소를 확인하고 문학예술의 새로운 변화와 트렌드를 전망해보려는 기획으로 계간 문학잡지 『문학사랑』에 5년간 연재된 원고를 묶은 책이다. 이 연재는 우리나라 계간 문예지 기획물 역사에서 손꼽힐만한 콘텐츠로 손색이 없었다. 내용의 충실함, 기획의 시의성과 유용성 차원에서 특히 괄목할만 하였다. 이를 통하여 우리가 확인한 사실은 근래 여러 매체와 환경 그리고 인간감성, 의식의 변화에도 불구하고 문학이 가진 웅숭깊은 잠재력과 문학의 원초적 모티브에 대한 확고한 가능성이었다.

문학이 발생한 이후 지금까지 동서양, 고금을 막론하고 사랑은 문학을 비롯한 거의 모든 예술이 포용하는 핵심적이며 절실한 주제로 자리 잡고 있다. 사랑에서 비롯되는 인간과 사회, 삶의 희로애락을 형상화 하면서 예술은 발전하고 영향력을 확산하는 가운데 문화의 넓이와 깊이를 더할 수 있었다.

그리하여 사랑은 언제나 끊임없는 영감과 자양분을 공급하면서 새로운 감성과 인식을 그려내는 문학의 영원한 테마로 존재하고 있다. 남녀간, 부모, 어린이, 조국, 자연 등 대상과 지향은 다르지만 사랑이 발산하는 열정과 희생으로 충만한 문학텍스트 행간에서 우리는 문학이 이룩할 수 있는 중요한 성취의 하나로 사랑의 형상화를 발견할 수 있었다. 생각과 느낌이 바뀌고 감정체계가 급속히 변모하는 디지털 시대에도 사랑은 인간보편의 정서반경 안에 온전히 자리 잡고 끊임없이 새로운 패러다임으로 거듭나고 있는 것이다.

12개 지역 주요 외국 문학권 전문 연구가들이 소개하는 깊이 있는 담론과 유려한 문장에서 이 책을 읽는 여러분들께서는 세계 각국 문학이 펼치는 사랑의 순수한 목소리, 가열찬 연대와 참여의 메아리 그리고 거기서 울려나오는 인간승리의 찬가를 눈여겨 듣고 보시기 바란다.

귀중한 원고를 흔쾌히 보내주신 필진의 정성과 『문학사랑』 지면을 할애하고 단행본을 출간해 주신 리헌석 발행인의 배려에 감사드린다.

■ 차례

밀란 쿤데라 소설 「농담」 : 우스꽝스러운 사랑과 성(性)

김 규 진

밀란 쿤데라

"육체가 밀고 당기는 운동에 열중하고 있는 동안, 이미 육체의 운동에 싫증이 난 정신은 전혀 다른 곳으로 흘러간다. 장기의 묘수 풀이라든가 잊을 수 없는 식사나 책의 내용에 대한 회상 등 전혀 엉뚱한 곳에 신경을 쓰는 과정을 통해 얼마나 육체를 얕잡아 볼 수 있는가. 육체의 결합이 주는 쾌락은 어느 틈에 멀리 사라지고 만다. 두 개의 육체가 결합하는 것은 전혀 특별한 일이 아니라 가끔씩 있는 일이다. 그러나 육체와 정신이 결합하여 정열로써 한 몸이 되는 것은 이보다 천배는 드문 일이다. 그런데 이러한 일도 진실로 사랑을 할 때에는 종종 발생한다. 나는 이러한 가능성을 믿고 있으며 또한 믿고 싶다." — 쿤데라

1. 정치 이데올로기가 숨겨져 있는 우스꽝스러운 사랑과 성

밀란 쿤데라는 체코의 문학, 예술 도시 브르노 출신으로 1929년 체코슬로바키아가 문화적으로 활발한 시기에 태어났고 청년기를 보냈을 시기에 체코는 공산주의 물결을 타고 있었다. 그는 1948년 청년 공산당에 열렬하게 참여했다. 나중에 탈퇴하였다가 재가입하기도 했으나 결국 공산당에서 축출 당했다. 쿤데라와 그 작품들이 모국의 도서관과 문학 사전, 잡지 등에서 자취를 감추었음에도(1968년 프라하 봄 사건 후 1989년까지) 불구하고 그는 이러한 변혁기에 아마 해외에 가장 잘 알려진 체코 출신 작가일 것이다. 그의 단편집 『우스꽝스러운 사랑』과 10편의 소설 「농담」, 「생은 다른 곳에」, 「이별의 왈츠」, 「웃음과 망각의 책」, 「참을 수 없는 존재의 가벼움」, 「불멸」, 「느림」, 「정체성」, 「향수」와 희곡 「야곱과 그의 주인」과 비평 수필집, 「소설의 기술」, 「배반된 유언들」 그리고 「커튼」 등이 한국어로 출판되었다. 희곡 『열쇠의 주인들』은 아직 우리말로 번역되지 않았다.

1967년에 출판된 쿤데라의 첫 장편 소설 「농담」은 그에게 문명을 가져다 주었을 뿐 아니라, '프라하 봄'이라고 일컫는 정치 사회적 자유화 운동이 무르익을 무렵 문학적인 큰 사건이었다. 이는 1968년 영화화 되었으나 1968년 8월 소련 탱크가 프라하를 침공하고 자유화가 억압되자 곧 책과 함께 판금조치 되었다. 밀란 쿤데라도 대학에서 쫓겨나고 직장을 가질 수 없었다. 그는 결국 1975년 프랑스 한 대학의 초청을 받아 출국하였다.

이 「농담」은 복잡한 테마를 가지고 있다. 흐바틱이 지적하듯이 이 소설은 주인공 루드빅과 작가 쿤데라가 젊은 시설 헌신했던 환상과 악몽의 에피소드이다. 이는 또 1948년 공산주의 혁명 이후 약 15여 년간의 체코슬로바키아의 인간존재의 문제를 여러 측면에서 조명하고 있다. 네 명의 주인공들, 루드빅, 헬레나, 야로슬라프, 코스트카의 독백과 회상으로 이야기하는 「농담」은 이 기간 동안의 여러 가치관의 문제점을 다루고 있다. 네 사람 다 기괴하고 우스꽝스러운 사랑을 경험하거나 시도한다.

또 다른 주인공 루찌에는 주로 루드빅과 코스트카의 이야기 속에서 형상화되는 지극히 피동적인 인물이다. 각 인물들이 다른 주인공들의 관점에서 조명되는 것도 소설 기법의 참신한 시도이다. 루찌에게도 사랑과 성은 기괴하고 우스꽝스럽게 다가온다. 자기를 그토록 사랑하는 주인공 루드빅과의 육체적 관계는 거절해야하는 기막힌 사연을 간직한 사회의 이질녀다.

냉소적이고 지적인 루드빅의 이야기는 학창시절 애인 마르케타에게 보낸 장난기 있는 엽서 때문에 공산당에서 축출당하고 학교에서 제적되어 검은 배지의 부대에 들어가게 되는 것으로 시작된다. 그는 그 검은 배지의 부대에서 자신이 평생 적으로 간주하고 있던 사람들과 동지가 되고, 반대로 그가 평생 사랑하고 동지로 생각하던 당이 자신의 적이 되었다는 사실에 놀라게 된다. 그는 자신의 과거와 연결된 모든 끈이 끊어졌으며 자신이 요구받던 당위의 길과는 전혀 다른 길을 가고 있는 자기 자신을 발견하게 된다. 그는 또 자신이 처한 상황이 자신의 의지와는 전혀 상관없이 선택되어졌으며 또 그러한 —사회가 그에게 강요한 —상황에서 탈출할 수 없는 개인의 연약함과 비참함을 느끼게 된다. 또다시 그의 개인적 정체성이 위기에 몰리게 된다. 그는 그러한 상황에서 평범함, 조용함, 단순함, 그리고 수수함 같은 것을 표면적으로 보여주는 여자인 루찌에를 만나게 된다. 루찌에는 삶의 정체성을 잃고 하루하루 살아가는 의미를 찾을 수 없던 루드빅에게 살아가는 이유요 의미가 된다.

그는 마지막까지 그의 파멸이 명령된 그 강당과 그 강당에서 손을 들었던 그의 친구들을 잊지 못한다. 증오와 복수가 그가 살아가는 버팀목이 되었던 것이다. 하지만 세월의 흐름 속에서 루드빅은 다시 복권된다. 그는 이 길을 오기까지 검은 배지의 부대원으로, 광부로 어려움을 겪었다. 그 동안 그는 어머니의 시신까지 빼앗겨야 하는 등 많은 고난을 겪었으며, 그 때마다 그는 자기를 파멸의 길로 가게 한 장본인인 대학동창생 제마넥에 대한 복수를 생각하였다. 그러다가 그는 우연히 제마넥의 부인인 헬레나를 알게 되고 그녀를 정복함으로써 제마넥에 대한 복수를 하려고 한다. 우스꽝스러운 사랑이 아니라 기괴한 성적 복수를 꿈꾼다.

헬레나 이야기는 개인적인 신조의 진부성, 로맨틱한 사랑, 애인 사이의 사적인 교류에 대한 것이다. 그녀는 절망적으로 공산주의 도그마, 특히 인류의 동포애의 유토피아적인 이상을 보여주려고 발버둥친다. 그녀 자신의 아가페적인 사랑의 감정, 자발적이고 애타적인 사랑의 감정을 조절하려고 노력한다. 청년 공산주의 오월 노동절 퍼레이드에서 들뜬 그녀에게 제마넥과의 결혼이 공산주의 윤리를 통한 아가페를 확립하는 시도라면, 루드빅과의 간통은 똑같은 윤리에 대항한 로맨틱한 반란이라고 할 수 있다. 불행하게도 두 경우 다 헬레나는 비틀거리는 혁명의 과정 속에서 자신이 함정에 빠졌다는 것을 깨닫게 된다. 그래서 그녀의 신화가 해체되는 것을 쿤데라는 이 소설 속에서 제시하고 있다. 그녀 또한 이러한 와중에서 우스꽝스러운 사랑과 섹스를 경험한다.

마지막으로 코스트카의 고독하고 하찮은 진리와 자아 확신의 탐구를 통하여 쿤데라는 기독교와 공산주의의 불협화음을 보여준다. 그를 통해서 저자는 체코 국민들의 정신적 필요를 충족하는데 두 이데올로기의 제도가 모두 실패하고 있다는 것을 설명하고 있다. 기독교 사랑의 이름으로 루찌에를 범하는 그는 이중적인 인격임이 틀림없다. 그들의 사랑도 성행위도 어쩌면 우스꽝스러운 모습이 아닐 수 없다.

소설 속에서 가장 불행한 인물인 루찌에는 혁명의 진영에도 불평분자들의 소굴에도 환멸에 젖은 군상에도 속하지 않는다. 그녀의 존재는 가공되지 않은 삶에 의해 이끌려 간다. 거대한 혁명의 자동화에 의해 역사의 주변으로 떠밀려간 다른 사람들과 달리 그녀는 말 그대로 하찮은 존재다. 그녀는 간신히 살아가는 하루하루가 제공하는 단순한 안락에 만족하는 것 같다. 그녀는 역사의 쳇바퀴 밖에 존재하는 인물이다. 인생도 사랑도 그녀에는 우스꽝스러운 장난 같다.

2. 우스꽝스러운 사랑의 포로 헬레나: '남이 하면 불륜, 내가 하면 로맨스'

체코영화 『농담』

소설의 시작은 루드빅이 복수의 수단으로서 제마넥의 부인 헬레나와의 관계를 갖기 위해 고향인 모라비아에 오게 되면서부터 시작된다. 진정한 남녀의 사랑이 아니고 우스꽝스러운 사랑의 행위요, 부조리하기 그지없다. 이는 고대 호메로스의 오디세이의 시작을 연상시킨다. 참으로 오랜만에 즉 15여 년 만에 고향에 온 그는 자신이 이 사회의 이방인인 것 같다고 느낀다. 10년이면 강산도 변한다는 우리의 속담처럼 그만큼 세월이 변했던 것이다. 여기서 그는 자기에게 한때 신세를 졌던 코스트카 박사한테 도움을 청한다. 그는 호텔방이 보잘 것 없어 그의 방을 빌려서 야비한 음모인 '아름다운 파괴' 작업이라고 부르는 복수를 구상한다. 그리고 그는 우연히 이곳에서 10여 년 전에 그토록 사랑했던 루찌에를 만나나 알아보자 못하는 자신에게 자괴감을 느낀다.

루드빅은 호텔로 향하던 중 우연히 길 건너에서 걸어가던 젊은 날 악단에서 함께 일했던 친구 야로슬라프를 보고는 시선을 피한다. 이로서 헬레나를 제외한 주인공들이 제 1부에 모두 등장한다. 여기서 우리는 복수와 그토록 사랑했던 여인을 알아보지 못하는 잔인한 성격을 가지고 살아가는 루드빅의 인간됨을 조금 알 수 있고 그에 의해서 조명된 코스트카의 모습, 루찌에의 인상을 알 수 있다. 루드빅의 이야기는 냉소적이고 잘 계산된 이성에 바탕을 두고 있다

제 2부는 헬레나의 자신에 대한 독백으로 시작한다. 그녀는 이 소설에 나오는 인물 중 가장 철저한 공산주의 교조주의자다. 그녀의 사전에는 과거 나치에 의해 희생당한 공산주의 작가의 우상 푸칙의 케케묵은 신조인 '슬픔이라는 단어'는 존재하지 않는다. 이 한마디로 독자는 헬레나가 어떤 성격의 소유자인지 알 수 있다. 그녀는 직장사람들이 자기를 "강경파, 광신자, 교조주의자, 당의 충견"이라고 부르는 것을 인정한다. 여기에서는 그녀가 공산주의 운동 속에서 파벨 제마넥과 사랑하고 결혼한 이야기와 배반당한 이야기가 전개된다. 그녀는 독백을 통하여 횡설수설하는 편이다. 루드빅의 이성적인 언어와는 매우 대조적이다.

그녀는 또 사랑 없이는 못 사는 로맨티스트다. 그러나 그녀는 남편에게 배반당하고 자기에게 푹 빠져있는 자신의 조수인 19살의 기사 인드라의 사랑을 받고 있다. 그녀는 인터뷰에서 만난 루드빅에게서 참사랑을 추구하나, 결국엔 루드빅의 복수에 이용당하며 그에게도 버림받게 되는 불쌍한 영혼이다. 여기에서 헬레나의 모순성이 확연히 드러난다. 소설의 말미에 그녀는 아들 같은 기사 인드라의 품에 안긴다. 이는 오이디푸스 콤플렉스 모티프의 한 변형이다. 아마 이 작품의 등장

인물 중, 가장 언행일치가 되지 않는 모순적인 인물이 헬레나이다.

> "나는 실제로 나쁜 여자인지도 모를 일이다. 나는 이를 기꺼이 자인한다. 나는 저 젊은, 젊다는 것 하나로 건방을 떨어대는 계집애들을 증오한다. —그들은 남자를 사랑하고 있다거나, 사랑이 무엇인지 알고 있다고 말할 수 없는 주제에, 남자를 만났다 하면 바로 그날로 잠자리를 같이 한다. 절제와 수치라고는 조금도 없는 것들이다. 그런데 내가 결혼한 여자로서 몇몇 남자들과 관계를 가졌다는 이유 하나만으로 나를 이런 여자애들과 비교하려 든다면 매우 불쾌하다. 그들과 내가 다른 점은 나는 언제나 사랑을 찾아다녔다는 것이다."

이 대목에서도 알 수 있듯이 그녀는 '남이 하면 불륜, 내가 하면 로맨스' 라는 말을 생각나게 하는 자기중심적인 인물이다. 그리고 동료남자와 부정행위를 저질렀던 한 여기술자에 대한 언급에서도 그녀를 창녀라며 증오하기까지 했던 헬레나는 만난 지 며칠 되지 않은 루드빅을 만나기 위해 지방 출장까지 가서 그와 육체적 관계를 맺으며 그에게 "여보"라고 하는 사랑한다는 표현까지 서슴지 않는다. 헬레나의 모순적인 성격과 도덕관이 여기에서 명백히 드러난다. 어쨌든 사랑 없이는 못 사는 여자가 헬레나이다. 이 또한 우스꽝스러운 사랑의 한 전형이다.

그리고 그녀는 루드빅을 만나 사랑에 빠진다. 그들은 루드빅의 고향 모라비아 우헤르스케 흐라디스쩨에서 행해질 민속놀이 '왕들의 기마행렬'에서 다시 만나기로 한다. 한편 루드빅은 그녀가 제마넥의 아내란 것을 알고 그녀를 사랑하는 척하며 그녀를 능멸함으로써 제마넥에게 복수를 하고자 한다. 우스꽝스러운 사랑과 섹스의 불협화음이다. 이는 이성과 감성의 대립에서 감성의 패배다. 흐바틱이 지적하듯이 헬레나의 독백은 상당히 혼란스럽고 감정적이며 여자들의 수다 떨기의 전형이다. "끝없이 이어지는 문장들에서는 자기 방어와 자기비판이 쏟아져 나왔고, 헬레나는 아무 관련이 없는 생각과 광경을 두서없이 뒤

죽박죽 나열했으며, 과거에서 현재로, 이데올로기에서 섹스로, 핑크색 스웨터에서 당에 대한 충성으로 도약하고 있다.”

3. 농담 “낙천주의는 인민의 아편이다! 건전한 정신에는 우둔의 악취가 풍긴다. 트로츠키 만세!” 로 망쳐버린 사랑

『농담』 체코어판

제 3부는 고향 도시에서 다시 루드빅의 시점에서 전개된다. 그는 고향의 오염된 모라바강과 황폐한 도시의 모습에서 기억하고 싶지 않은 오스트라바의 아픈 추억을 피할 수 없다는 것을 깨닫는다. 이는 15여 년 간 공산주의 통치가 국토와 도시의 삶을 황폐화했다는 것을 상징적으로 그리고 있다. 누구나 오랜만에 고향을 찾으면 옛 향기에 젖어 행복을 느낄 수 있건만 루드빅은 그 반대다. 이는 그의 냉소적인 태도에서 비롯된 것일 수 있다.

제 3부는 루드빅의 험악한 인생여정과 이 소설에서 가장 기막힌 사랑의 장면을 묘사하고 있다. 분량도 소설의 7부 중 가장 길며 여러 핵심적인 사건들의 연속으로 이루어져 있다. 이는 회상을 통해 묘사된다. 루드빅을 파멸로 몰아간 마르케타와의 서신, 이어서 심문과 재판 등등. 루드빅은 대학 시절 방학이 시작되자 자기와 함께 시간을 보내지 않고 청년공산당 수련원에서 건전한 정신이 지배하는 분위기를 자랑하는 여자 친구를 자극하기 위해 엽서를 보내게 된다. 당시 편지와 엽서는 떨어져 있는 사람과의 의사소통의 주요한 수단이었다. 그러나 루드빅이 애인에게 보냈던 농담 “낙천주의는 인민의 아편이다! 건전한 정신에는 우둔의 악취가 풍긴다. 트로츠키 만세!” 라는 한 마디 때문에

자신이 그렇게 믿고 따라왔던, 당으로부터 버림받은 후에 학교에서 제적당하고 군 복무 차 탄광촌으로 보내지게 된다. 그는 공산당 학생위원회 친구들에 의해 쫓겨나게 되는데 그 중 주도자가 제마넥이다. 이는 아직도 여러 모양의 얼굴을 가진 자였을 때의 젊은 루드빅의 한 단면이다. 그는 자기 애인을 놀려주려고 한 농담이라고 했으나 누구하나 그를 믿어주지 않았다. 심지어 마르케타 조차 루드빅이 큰 죄를 졌다고 하면서 죄를 시인하면 용서받을 수 있다고 한다. 그러나 루드빅은 그렇게 할 수 없었다.

> "…내가 그토록 갈구해 마지않던 목표인 마르케타의 육체가 간발의 차로 내 코 앞에 다가서 있었다. 그러나 나는 이를 그런 대가를 치르고 취할 수 는 없었다. 나는 자신의 죄를 인정할 수도 없었고 참을 수 없는 판결을 시인할 수도 없었다. …나는 마르케타에게 동의하지 않았고 그녀를 잃었다."

그러나 그는 자기가 죄가 없다고 느꼈던 것이 진실인가하고 반문한다. 그는 이 사건에 내재된 불합리성을 시종 일관 지적하고 있었지만 세 문장을 상대방의 입장에서 바라보기 시작하면서 전율을 느낀다. 그는 지 농담의 이면에는 뭔가가 숨겨져 있으며, 자신은 당과 한 몸이 되어본 적도 없고 진정한 프롤레타리아 혁명가가 되어 본 적이 없다고 생각한다. 그래서 그는 차츰 그 엽서가 비록 장난기에서 비롯되었다고 하지만 일종의 죄악이라는 사실에 점차 동의하기 시작한다. 이는 기독교의 원죄의식과 비슷하다고 주인공은 훗날 회고한다. 이리하여 그는 청춘의 삶을 의지하여 온 당으로부터 낙인찍혀 절망적인 삶을 살게 된다.

그는 이러한 절망 상태에서 마지막으로 고향을 찾아가서 야로슬라프를 만난다. 야로슬라프는 철저한 모라비아 애향가였고 민속전문가였다. 그는 곧 전통결혼식을 올리며 들러리를 서 달라고 부탁한다. 루드빅은 아이러니컬하게도 자신의 파멸로 친구의 결혼식을 경축해야했다. 그러나 민속의상, 삼발 악단, 전통적인 결혼의식의 진행자, 신부의 문지방 넘기, 민속노래, 온종일 결혼식에 필요한 모든 예법을 다 동원하는 모라비아 전통결혼식에서 가장 중요한 기독교의식인 신부의 축복 등을 사회주의 이념 때문에 제외한 결혼식에 환멸을 느낀다. 그래서 그는 옛날 야로슬라프와 함께 했던 것처럼 클라리넷을 들고 축하공연에 어울릴 수가 없었다.

그는 비인간적인 상태와 인간이 인간을 학대하는 잔인성이 여지없이 실행되는 검은 배지 부대와 탄광촌에서 인고의 삶을 경험한다. 인간의 물질화와 비인간적인 분위기가 지배하는 곳에서 그는 자기처럼 비슷한 억울한 죄로 그토록 의지하고 사랑했던 당으로부터 추방당해 오는 여러 군상의 범죄자들과 생활을 같이 한다. 검은 배지부대에 소속 돼 강제 노동을 하는 중, 그가 자신의 잘못을 인정했듯, 그의 행동은 지적 오만과 냉소주의 그 자체였다. 그로인해 그는 마르케타와의 연애에서도 패배했지만 그가 평생을 증오심에 살도록 이끈 청년 공산당 내 동지들에게도 패한 것이다.

4. 사랑보다 오해로 인해 거절된 육제척 사랑의 행위

이러한 절망의 탄광촌 군 생활에서 훈련보다는 석탄 캐는 노동을 하며 지낼 때 그는 숙명적으로 루찌에를 만나고 그녀를 미치듯이 사랑하게 된다. 그는 그녀를 만나기 전까지 이 탄광촌 군 막사에서 청년공산당원으로서의 출세라는 '잃어버린 운명'에 대한 내면적인 울음을 떨쳐버리지 못하고 무(無)의 생활을 살아왔다. 그러나 순수한 보통의 여자 루찌에를 사랑하고부터는 이 내면의 울음을 경이적으로 치유되기 시작하는 것을 느끼고 생의 의미를 찾는다. 그리고 학창시절 거대한 '역사의 수레바퀴'의 주인공으로서 역사라는 마법에 걸려 황홀한 상태에 빠져서 역사를 조정하는 환상에 젖어 있는 삶이 인생의 전부라고 믿고 있었던 루드빅은 루찌에를 사귀고부터 역사의 날갯죽지 아래 숨겨졌던 새로운 초원을 발견하게 된다. 역사라는 홰치는 소리를 들어보지도 못한 19살의 루찌에를 통하여 영원히 '역사로부터 퇴장'하지 않으려는 자신의 생각을 떨쳐버리고, 건전한 행복과 해방감을 맛보기 시작하면서 인생의 의미를 깨닫게 된다. 사랑의 힘이 얼마나 위대한가를 저자는 절묘한 비유로 제시하고 있다. 그들은 아주 드문 만남이지만 시를 읽어주며 즐거운 한때를 보낸다. 그는 편지를 쓰고 그녀는 편지대신 꽃을 준다. 그녀의 꽃은 꽃의 전통적인 상징보다는 그녀만이 표현하는 언어가 된다. 그는 그녀와 결혼까지 생각하며 신분의 한계를 뛰어넘어 그녀를 사랑한다.

루드빅은 루찌에와의 만남의 즐거움과 사랑하는 여인과의 영혼과 육체의 결합의 가능성을 믿으며, 인간성을 상실하고 인간에 대한 신뢰를 잃게 하는 이 또 다른 집단인 검은 배지 부대에서 삶의 의욕을 유지하고 있다. 그러나 마지막 루찌에의 방에서 불행한 일이 일어나고 만다. 그토록 사랑하고 그토록 갈망했던 루찌에는 결코 자신의 육체를 어느 정도는 허락하나 그가 그토록 갈망하던 섹스만은 응하지 않자 루드빅은 루찌에의 그러한 행동이 자기를 무시하고 사랑하지 않는 것이라고 결론 내리고 폭력을 행사한다. 그리하여 결국 그는 사랑하는 여인에게 상처만 남기고 헤어진다.

먼 훗날 루찌에가 보헤미아 서쪽 어디엔가 산다는 소문을 들었지만 찾아가지 않는다. 과연 그는 진심으로 루찌에를 사랑했던 것일까? 사회와 단절된 부대에서의 삶으로 인한 지루함과 남성으로서 성적인 쾌락을 즐길 수 없는 상황, 그와 관련된 모든 연결고리와의 단절 속에서 그는 루찌에를 단지 사회와, 성적인 쾌락과의 연결고리 정도로 이용한 것은 아닐까? 바보같이 순수한 루찌에를 사랑했던 그가 그녀의 순수함에 검은 그림자를 드리우며 자신의 육체적 만족감을 위해 그녀가 거부하는 행동들을 요구하고, 그를 받아들이지 않는 그녀를 내쫓아 버리기에까지 이른 것이 과연 루드빅이 얘기한 루찌에를 향한 사랑이었던 것일까? 매일 부대 철조망 사이로 꽃을 가져다주면서 그를 행복하게 했던 순수한 루찌에에게 루드빅의 행동은 사악한 것이었다. 루찌에를 잃은 그는 그 후로도 그녀를 어떤 신화 속 인물 정도로 여기며 마음에 담고 살아가지만 그것은 그녀를 향한 지고지순한 사랑이라기보다는 자신을 거부할 만큼 대단한 여자였던 그녀를 가질 수 없었던 것에 대한 미련과 너무나도 순수하게 자신을 좋아해 주었던 그녀에게 불순한 마음으로 다가갔던 자책감에서 비롯된 것이며 비뚤어진 사랑의 변명이다. 그녀는 루드빅이 나중에 헬레나를 야비한 음모로 범할 때도 기억 속에서 생생하게 살아 있다. 이는 나중에 루드빅 자신은 소유하지 못했던 루찌에를 코스트카는 소유했다는 얘기를 듣고 나서 그가 가지게 된 마음에서 더 여실히 드러난다.

5. 육체적 사랑이 정신적인 사랑과 한 몸으로 결합하는 일은 전적으로 드문 일이다

제 4부는 야로슬라프의 관점에서 이야기가 전개 된다. 이어서 야로슬라프의 모라비아 전통 결혼식이 성대히 거행된다. 앞에서 언급한 대로 루드빅은 종교적인 의식이 빠져버린, 사회주의화에 의해 변질된 이 결혼식에 실망한다. 그가 아무런 역할을 할 수 없었던 것은 당에서 추방당하고 학교에서 제적되어 군에 징집되기 전에 잠시 들렀을 뿐이라 기분이 내키지 않았던 때문이다. 그러나 이러한 사정을 모르는 야로슬라프는 오해 때문에 그와의 우정에 금이 간 것이라고 생각한다.

그리고 루드빅은 여러 해 군 생활, 강제노동, 군대 감옥 생활을 거치고 복권하여 고향에 내려 온 1956년도에 야로슬라프와 만나서 무척이나 냉소적인 입장에서 한창 열렬한 사회주의 입장의 민속노래에 대해 날카롭게 비판한다. 이때부터 그들 둘 사이의 우정에는 더욱 금이 간다. 그리고 9년이 지나도록 그는 몇 번인가 고향을 찾아왔지만 야로슬라프를 찾아가지 않았다. 그 동안 야로슬라프의 악단도 인기가 시들해지고 그는 고독에 젖어든다. 고독이라는 형벌은 적이 아니라 동지 때문이라고 생각한다.

제 5부에서는 다시 루드빅의 관점에서 이야기가 전개된다. 루드빅은 라디오 인터뷰 차 방문한 헬레나가 자기에게 사랑스러운 눈초리로 접근하는 것을 깨닫고 대화 중 그녀가 제마넥의 아내란 것을 알아차린다. 그래서 이번 모라비아 왕의 기마행렬에서 만나 열다섯 해의 증오가 도사린 복수의 계획을 실행하려고 계획을 짠다. 15여 년 전 자기를 파멸의 구렁텅이로 빠트린 동료의 아내에게 코스트카의 아파트를 빌려 소위 '아름다운 파괴 작업'를 감행한다. 자기를 사랑하는 줄로 착각한 헬레나를 유린한다. 루드빅의 잔인한 사디즘이 사랑과 성의 불협화음을 극명하게 보여준다.

> "육체적 사랑이 정신적인 사랑과 한 몸으로 결합하는 일은 전적으로 드문 일이다. …두 개의 육체가 결합한다는 것은 전혀 특별한 일이 못된다. 그리고 두 개의 정신이 결합하는 것은 흔한 일이 아니더라도 가끔 있는 일이다. 그러나 육체와 정신이 결합하여 정열로써 한 몸이 되는 것은 이보다도 천배는 드문 일이다. 그러나 이러한 일도 인간이 진실로 사랑할 때에는 종종 발생한다. 나는 이러한 가능성을 믿고 있으며, 또한 분명히 믿고 싶다. 그렇다면 나의 육체가 헬레나의 육체와 사랑을 나눌 때에 나의 정신은 과연 무엇을 하고 있었을까?"

루드빅의 정신은 그녀의 육체에 아무런 관심도 없이 바라보고 있다.

이러한 사랑과 육체의 이중성은 『참을 수 없는 존재의 가벼움』에서 더욱 심도 있게 다루어진다. 이어서 사랑을 갈구하고 육체적 쾌락을 맛보는 헬레나를 사정없이 육체적으로 몰아치며 드디어는 그녀의 얼굴과 온몸을 발갛게 되도록 손으로 때린다. 그녀는 흐느끼며 비명을 지르나 그의 행위를 흥분으로 인한 것으로 생각하고 자신은 고통이라기보다 기뻐 흥분하여서 소리치는 것이다.

마조히즘의 절정에 달한 그녀에게 사디스트 주인공은 만족을 느끼며 행복에 잠긴다. "나는 만족하였다. 나는 아마도 거의 완벽하게 행복하였다. 나는 승리감에 도취되었다." 헬레나는 관계 후 루드빅에게 "여보"라고 부른다. 이에 대해 루드빅은 냉정하다. "많은 사람들이 육체적 결합을 하면 정신적으로도 결합이 된다고 생각한다. 내 자신은 이러한 정신과 육체의 동시적인 결합을 전혀 믿어 본 적이 없기 때문에 헬레나의 너나들이를 낭패함과 불쾌감으로 받아들였다." 사랑의 기이한 장면이다. 이윽고 그녀는 남편 제마넥과는 남편과 아내로 산 지 오래 되었다고 고백한다. 그는 기뻐하는 그녀의 육체를 더 이상 보고 싶지 않았다. 소름이 끼칠 뿐이다. 이것이 그토록 오랫동안 기다렸던 복수의 결과인가? 그녀를 떠나보내고 그는 다시 헬레나와는 차원 다른 비물질적인 수증기 같은 루찌에 생각을 하며 코스트카의 귀가를 기다리고 있다. 그의 하잘 것 없는 복수심을 분쇄해 버리려한 것 같은 신비한 인상을 주는 루찌에의 이야기를 그로부터 더 듣고 싶었다. 이와 같이 제 5부는 루찌에와의 관계를 명시하면서 성적인 사랑의 역설적인 특징에 대한 루드빅의 회상에 의해서 묘사되었다. 바너지에 의하면 쇼펜하우어의 관찰이나 게오르그 바타유의 격언을 상기시키는 이러한 철학적인 페시미즘 사상은 사랑하는 사람의 본질적이고 육체적인 욕망의 가장 깊숙하고 친밀한 만족으로 집착하는 고독에 존재한다.

6. 위선적인 기독교인의 우스꽝스러운 사랑

제 6부에서는 코스트카의 관점에서 이야기가 전개된다. 여기에서는 루드빅에 대한 코스트카의 모순된 감정이 표출된다. 마치 기독교인들이 자신들의 적을 사랑하듯이 기독교를 강하게 신봉하는 코스트카는 그를 싫어하면서도 필요할 때마다 번번이 자기에게 도움을 준 그를 사랑한다고 한다. 노동운동과 공산주의 운동을 지지하는 기독교인으로 살아가려는 코스트카는 기독교인들로부터도 비난받고 나중에는 공산주의자들한테서도 수난을 받았다. 이러한 현실이 1950년대 스탈린주의가 팽배할 때 체코슬로바키아의 상황이다. 그러한 위기에 처했을 때 루드빅은 위험을 무릅쓰고 그를 지지해주었다. 그러나 루드빅의 도움에도 불구하고 결국 1948년 공산당 정변 이후 그는 과거 기독교 신자였다는 이유 때문에 학교를 떠나야했고 루드빅은 예의 그 농담 사건으로 또한 학교와 당에서 축출되었다. 코스트카는 스스로 서부 보헤미아 집단농장에서 일할 것을 자원하였다. 그는 거기서 유랑하는 숲속의 신비스런 처녀 이야기를 듣게 된다. 그녀는 그 당시 어린이들에게 방랑의 요정 또는 집시여인처럼 동정과 공포를 자아내며 숲속에서 살았다. 이 처녀가 바로 루드빅이 한때 미치도록 사랑했던 오스트라바에서 쫓겨나 이리로 온 루찌에 세베트코바 양이다. 코스트카는 나중에 그녀를 교화시켜 정상적인 삶으로 돌아오게 하는 인연을 갖게 된다.

코스트카는 루찌에의 쓰라린 과거 이야기를 듣고 그녀를 정신적으로 육체적으로 갱생시키려고 노력한다. 그녀는 본의 아니게 갱단의 일원이 되었다가 6명의 남자 갱단으로부터 집단 윤간을 당하고 가정에서 조차 저주받고 갱생원에 보내졌다가 오스트라바로 추방되었던 것이다. 거기서 그녀는 이등병 루드빅을 만나 사랑에 빠졌으나 사정을 모르는 루드빅으로부터도 성적 고통을 받고 다시 떠돌이생활을 하게 되었다. 이는 코스트카의 내적 독백을 통해서 독자에게 전달된다. 가정을 버리고 독신생활을 하는 코스트카는 루찌에에게 육체적으로 정신적으로 새로운 삶을 찾게 도움을 주나, 사랑의 이름으로 그녀와 아름다운 숲속에서 사랑의 관계를 맺고는 줄행랑을 친다. 사회의 눈과 책임감의 중압감에서 벗어나지 못하는 나약하고 이중적인 코스트카의 인격이 드러난다. 그러나 그는 참회의 감정은 가지고 있다. 코스트카는 가정생활도, 자기가 믿고 있는 기독교 신앙도, 사회주의도 모두 의혹으로 바라본다. 여기서는 기독교적이며 이상주의적인 공산주의자 코스트카의 신화가 해체되는 과정을 보게 된다.

코스트카는 반면에 용서를 모르고 복수심에 젖어있는 루드빅을 독백 속에서 준엄하게 꾸짖는다. 여기서 기독교 윤리인 용서의 진리를 모르고 복수의 저주에 빠진 루드빅의 인생관이 코스트카의 관점에서 조명되고 연민을 일으킨다. 두 사람의 성격은 묘한 대조를 이루고 있다. 루드빅은 용서를 모르고 호전적인데 반해 코스트카는 용서할 줄 알고 평화적이다. 루드빅은 언제나 자신만만하고 자신에 의지하고 이성적이다. 그의 "선행의 가장 깊은 동기는 사랑이 아니라 증오"라고 코스트카는 말한다. 루드빅이 그토록 차지하고 싶었었던 루찌에의 육체를 코스트카는 조용히 그녀의 말에 귀 기울여 주고 너무나 쉽게 얻었다. 그러나 그는 하나님의 부름이라고 생각하고 루찌에와의 관계를 통해 그녀를 성적으로 생명력을 찾아주었으나 그녀가 그에게 사랑을 고백하는 순간에 인간적인 책무를 벗어나기 위해 그녀에게 몹쓸 짓을 했다고 자책한다. 여기서도 사랑과 성의 부조화 속에 사랑은 우스꽝스러워진다.

> "그리고 갑자기 나는, 내 볼 위에 닿는 손 하나를 느꼈다. 그리고 목소리가 들려왔다. '코스트카씨, 당신은 너무나 친절하셔요…' 나는 눈을 뜨지 않았다. 나는 볼에 놓여진 손을 건드리지

> 도 않았다. 나는 여전히 수천의 초롱불로 변한 새들의 목소리를 듣고 있었고, 사과나무의 종소리들을 여전히 듣고 있었다. 그리고 목소리는 이번에는 보다 가냘프게 이렇게 덧붙였다. '나는 당신을 사랑해요.'
>
> 아마도 나는 더 이상의 일의 진행을 정지시키고 재빨리 자리를 떠야했다. 왜냐하면 나의 임무는 끝났기 때문이다. 그러나 내게 뭔가 손을 쓰기도 전에 현기증이 나를 덮쳤다. 우리들은 넓은 벌판의 애처로운 능금나무들 사이에서 완전히 홀로였고, 나는 루찌에를 끌어안았고, 우리들은 자연의 침대 위로 무너져 내렸다."

방어할 겨를도 없이 코스트카는 육감적인 행복감에 젖어 새로운 때와 환경에 굴복하여 소박한 편안함을 가지고 '자연의 침대' 속으로 넘어진다. 그러나 절망에 빠진 영혼은 쇠퇴하고 있는 원초적인 타락의 상징 아담과 이브의 가련한 사과나무 밑에서 그는 임무와 동시에 추락을 입증할 알리바이를 찾는다.

이 특별한 사건은 두 주인공들에게 서로 다른 의미를 부여한다. 가족으로부터, 폭력적인 남성들로부터, 사회로부터 내팽개쳐진 루찌에의 입장에서 보면 이는 지난날의 젊은 갱단 및 루드빅과의 아픈 성적 경험과는 달리 자신의 인생에서 지아확인의 행위이다. 이는 루찌에의 유일한 능동적인 사랑의 행위이다. 그러나 이러한 성적 기쁨도 오래가지 못한다. 코스트카가 복잡한 죄의식 속에서 그녀를 버리자, 그녀는 또다시 폭력적이고 공공연히 부정을 지지르는 남편의 학대를 받는다. 그녀는 희생과 버려짐의 상징이다. 그녀는 우스꽝스럽고 부조리한 사랑의 희생자다.

7. 우스꽝스러운 사랑의 불협화음

제 7부는 루드빅, 야로슬라프, 헬레나와 제마넥의 관점에서 조명된

다. 앞에서 나왔던 주인공들의 관점들이 변주곡 형식으로 되풀이 된다. 앞에 나왔던 곡들이 뒤 악장에서 변주되는 형식이다.

왕들의 기마행렬이라는 민속축제의 장소로 가는 길에 루드빅은 루찌에와의 관계를 생각한다. 루드빅은 사랑과 육체의 불일치의 전형으로 그녀와의 불행했던 이별을 해석한다. "반은 어린이, 반은 창녀인 그녀에게 육체란 뭔가 불결한 것이었고, 사랑이란 뭔가 비육체적인 것이었다. 그녀의 영혼은 육체에 저항하면서, 육체에 대한 은밀하고 완강한 전쟁상태에 있었던 것"을 그는 이제야 깨닫게 되었다.

루드빅은 왕들의 기마행렬에서 신비한 의식을 경험한다. 그는 그러한 신비함 속에서 루찌에의 사랑을 상기하며 코스트카의 루찌에에 대한 섬뜩한 과거 이야기에 한 가닥 의혹을 가진다. 그 순간 그는 제마넥과 그의 젊은 애인과 마주친다. 이 시대의 변화에 적응하여 새 애인과 옛날의 그 호탕함을 유지하며 사는 모습이 루드빅에 의해 조명된다. 그러나 루드빅은 그에 대한 변하지 않은 증오의 감정을 설명하지 못해 안달한다.

제마넥은 루드빅에게 요즘의 젊은 세대들의 관심을 이야기한다. 구세대들은 메시아주의 때문에 세상을 거의 망쳐놓았는데 젊은 세대들은 아마도 자기중심주의로 세상을 다시 구원할 수 있을 거라고 한다. 제마넥은 재빨리 새로운 세대들의 정신을 받아들이지만 루드빅은 서른일곱이라는 나이에 안주하며 제마넥이 화해를 구해올지라도 거절하겠다고 다짐한다. 용서는 그의 사전에 없다. 그 순간 헬레나가 나타나자 제마넥은 넉살좋게 자기 아내에 대해 농담을 하며 즐거운 대화를 나누고 여대생 애인과 떠나간다. 루드빅은 복수의 대상이 사라진 이상 더 이상 헬레나를 괴롭히고 싶지 않았다. 야비하게 그녀를 취급한 짓을 더 이상 지속할 수 없어 사랑하지 않는다고 말하고 떠나간다.

헬레나는 루드빅한테 이용당하고 있다는 것을 깨닫고 자살을 시도

한다. 그러나 먹은 자살 약이 수면제가 아니라 설사약이어서 자살 사건은 한바탕 소동으로 끝난다. 이는 이 소설 속에서 가장 우스꽝스러운 장면이다.

루드빅은 이제 "나쁜 에피소드에 종지부를 찍어야만 하고, 그 자체만으로도 만족하지 않고 점점 더 어리석은 농담들로 괴물처럼 불어만 가는 저 나쁜 농담에 종지부를 찍어야한 했다."고 하면서 자신의 어리석은 농담을 심각하게 받아들인 실수 때문에 돌이킬 수 없는 자신의 인생살이를 회고한다.

8. 우스꽝스러운 섹스: 남성의 사디즘과 여성의 마조히즘의 세속적인 패러다임

이 소설에서 아마 가장 강렬한 모티프는 사디스트 기질의 남성과 마조히즘 기질의 여성이 대비되는 것이다.

저자가 강력하게 주장하듯이 소설 『농담』의 정치 이데올로기는 '사랑의 이야기'에 비해 주변적이지만 독자에 따라서 강한 공산주의 정치적 이데올로기 신화의 해체 과정으로 이 소설을 볼 수 도 있다. 사랑과의 섹스 그리고 '성의 정치학'간의 복잡한 긴장을 엿볼 수 있다. '프라하 봄'이라는 자유화의 분위기가 무르익을 무렵인 1967년 『농담』이 처음 나왔을 때 독자들은 헬레나가 자살하려고 잘못 먹은 설사약 때문에 시골 변소에서 스커트를 올리고 있는 장면에 쇼크를 먹었지만 배꼽이 빠질 정도로 웃었다고 한다. 독자들은 당시 공산당이 헬레나를 통해서 모욕을 당했다고 생각하였기 때문이다.

쿤데라의 소설 「농담」에 나오는 남자들은 모두 어느 정도 상대방을 억압하려는 사디스트 기질이 있고 여성들은 억압당하기를 좋아하는 마조히스트 기질이 있다. 남성들은 여성들을 억압하고 폭력적으로 다루는 인물들로 묘사되어 있다. 쿤데라는 이 소설 외에도 여러 소설에서 남성의 사디즘과 여성의 마조히즘의 세속적인 패러다임을 탐색한다. 쿤데라의 텍스트의 불확정성의 성의 정치학은 무엇인가? 성을 이용해서 상대방을 지배하려는 이데올로기를 이 작품에서 모색할 수 있다. 쿤데라는 초기 단편집 『우스꽝스러운 사랑』에서 이러한 모티프를 다루고 있다. 『농담』에 나오는 남자 주인공들은 어느 정도 여성을 범하고자하는 욕망 또는 형의상학적인 강간의 욕망을 가진 인물처럼 묘사되고 있다. 또 여성들은 남성들에 이용당하는 성애적인 대상물이거나 복수의 대상 헬레나 또는 말없는 침묵의 인간 루찌에일 뿐이다. 『농담』에 나오는 여성들은 남성의 조롱의 대상이거나 학대와 희생자이다.

공산주의 광신자들에 의해 희생당한 루드빅은 그 반대급부로 광산촌에서 만난 어리고, 가냘프고, 감수성이 강한 우울한 여인 루찌에를 강제적인 힘으로 정복하고자 한다. 비록 그는 그녀를 강요하기 전에 무한한 사랑의 감정을 느꼈고 결혼까지 생각하였다고는 하지만 그녀에 대한 그의 욕망은 복잡하게 뒤얽힌다. 단둘이서 개인 방에서 만났을 때 그토록 간절히 바라고 사랑했던 루찌에가 섹스를 거절할 때, 당에 의해서 엄하게 처벌받고 있는 고뇌에 차고 처량한 루드빅은 '신선한 공격'을 감행한다. 아마도 이 소설에서 남녀관계의 가장 고통스럽고 기진맥진하는 장면이 연출된다. "나는 그녀를 덮쳤다. 나는 내가 할 수 있는 온 힘을 다하여 그녀에게 올라타서 그녀의 스커트를 들어 올리고 그녀의 브라를 찢고 두 젖가슴을 움켜쥘 수 있었다." 그러나 완강히 거절하는 그녀에게 그 후 그는 곧 미칠듯한 분노에 사로잡혀 루찌에의 뺨을 때리고는 내쫓는다.

그러나 독자와 루드빅은 나중에 루찌에가 왜 그렇게 사랑하는 루드빅에게 필사적으로 육체적 관계를 거절하였는지를 알게 된다. 그녀는 어릴 때 갱단에 합류하였고 갱단 남자들에게 당한 아픈 상처를 가지고 있었던 것이다. 그녀는 어릴 때부터 남자들의 잔인성에 의해 피해를 입었다. 그녀는 먼저 아버지에게서 구타당하였고 폭력적인 남자와 결혼을 했으나 실패하였다. 심지어 코스트카도 그녀에게 기독교적인 윤리를 가르치며 친구가 되지만 나중에는 육체적 관계를 맺고 그녀를 버린다.

이 작품 곳곳에서 우리는 대부분 남자들은 약자들에게 폭력적으로 잔인하게 군다는 것을 알 수 있다. 루드빅이 당원들이 어떻게 그의 농담에 대해 무자비하게 심판하고 벌주기 위해 투표할 때를 상상할 때, 이러한 남자들의 잔인성은 예외 없이 소설 속에 예시되고 있다. 그를 심판할 때 모두들, 심지어 그의 스승들조차 그를 비난하기 위해 손을 치켜들었다. 루드빅은 심지어 "만일 내가 저들의 입장에서 나는 결코 손을 들지는 않았을 것이라는 사실을 자신에게 확신시키기 위하여 무척 노력하여 왔다. 그러나 나는 이러한 생각에 스스로가 스스로를 비웃지 않으면 안 되었을 만큼은 정직한 사람이다." 그는 한때 공산당 학생위원회 공개 토론회의에서 위험을 무릅쓰고 코스트카의 기독교 신념에 대해 옹호한 적이 있다. 상대방을 지배하고 억압하려는 인간정신의 야비함은 이성의 지배를 벗어나는 것일까? 또 야로슬라프가 아내 블라스타 앞에서 부엌의 살림살이를 깨뜨리는 폭력장면은 무섭다.

이 소설에서 남자들은 다른 사람들을 학대하기를 좋아하고 여자들은 학대받기를 좋아한다. 많은 주인공들이 다른 사람들의 손을 빌려서 잔인한 행동을 감행한다. 그러나 어느 누구도 그것을 요구하지는 않는다. 반면에 여자들은 잔인함에 복종하기를 갈망한다. 물론 몇몇은 저항하기도 하지만. 여자들은 정체성의 의식 즉 인정받기 위하여 복종적인 행동에 빠져든다. 창녀가 유혹받았으나 거절당하듯이 비열한 관계의 감정이 드라마틱하게 진행된다. 루드빅은 창녀와 관계 도중 갑자기 그녀를 거절한다. 그녀는 "거의 놀라서 '무슨 바보 같은 짓이야?'라고 소리치며" 그를 바라본다. 그녀는 벌써 화대를 받았으므로 그녀의 당황은 금전문제 때문이 아니다. 우스꽝스러운 사랑이요 성행위다.

여성 마조히즘의 피날레는 헬레나가 루드빅의 '파괴적인 음모'에 자신의 육체를 드러낼 때이다. 헬레나는 루드빅의 잔인한 성적인 광란에 쾌락적으로 반응한다. 그러나 루드빅이 달콤한 말로 자신의 인생을 망친 장본인이며 헬레나의 남편인 파벨 제마넥의 성스러운 안방을 약탈하려는 노력은 빗나간다. 그는 그녀의 머리를 마음대로 돌리다가 갑자기 손으로 그녀의 얼굴을 때리기 시작한다. "헬레나는 흐느끼면서 비명을 지르기 시작했다. 그러나 이 비명은 고통이 아니라 흥분의 비명소리였다." 루드빅은 '아름다운 유린' 후 이렇게 말한다. "나는 만족하였다. 나는 아마도 거의 완벽하게 행복하였다. 나는 승리감에 도취되어 있었다." 일생에 한번뿐인 진정한 로망스는 가학 피학성(被虐性) 변태 성욕의 형태를 띤다. 쿤데라는 학대받고 불쌍한 상태에 처한 여성의 육체를 보여주면서, 남성의 성적 쾌감 대신 여성의 고통을 강조하면서 여체를 맹목적으로 숭배하는 보통의 관념을 깨트린다. 루드빅은 섹스 후 헬레나의 육체가 욕지기가 난다고 한다. 부조리한 인간 행동의 표본이다. 이러한 사랑과 섹스의 부조리하고 우스꽝스러운 장면은 쿤데라의 다른 소설에서도 자주 등장한다.

사랑의 프리즘을 통한 세계 지각의 두 가지 변주

김 성 일

시공간을 초월하여 사랑의 주제는 어느 나라 문학에나 보편적으로 존재하는 영속성을 지닌 문학의 주제이다. 시대에 따라 나라에 따라 그 모습과 색채를 조금씩 달리할 뿐 사랑의 이야기는 퍼내면 퍼낼수록 끊임없이 샘솟아나는 마르지 않는 샘물처럼 우리의 삶에 대한 목마름을 적셔준다. 여타의 외국문학들보다 현실에 대한 비판적 담론을 그 특징으로 하는 러시아 문학 역시 사랑의 주제를 담고 있는 많은 작품들이 있다.

가도 가도 끝없는 대지가 빚어내는 풍광 속에서 가끔은 메아리로 울려 퍼지기도 하고 우중충한 회색빛 도시의 뒷골목 지하방에서 연서(戀書)의 형태로 들려오기도 한다. 신분을 뛰어넘는 초월적 사랑이 있는가 하면 죽음과 동일시되는 시베리아로 유형 당하는 남편 뒤를 묵묵히 뒤따르는 고결한 사랑도 있으며 허위와 가식의 상류사회의 인위성과

자연적 삶 사이의 간극 사이에서 사그라드는 비극적 사랑도 있다.

이처럼 다양한 모습의 사랑이 19세기 러시아 문학을 수놓고 있다면 20세기 소비에트 문학에서 사랑의 모습은 훨씬 단조로운 밑그림만을 보여줄 따름이다. 1917년 혁명 후 내전과 신경제정책을 거치며 1920년대 중반부터 소비에트 정권은 점점 더 예술 전반에 대한 헤게모니를 공고하게 장악하게 된다. 변화가 불어 닥치기 시작했다. 변화의 핵심은 문학의 공리성이었다. 사랑의 테마 역시 이 변화를 피해갈 수 없었다. 점차 이 테마는 영웅적인 지배 이데올로기를 위한 장식품으로 전락해버리기 시작한다.

하지만 두 시대가 교차하는 변화의 갈림길에서 우리는 눈부신 상상력으로 사랑의 주제를 변주하는 소비에트 작가를 발견 할 수 있다. 소비에트 러시아문학에서 가장 상상력이 풍부한 작가 중의 한 사람으로 평가받고 있는 유리 카를로비치 올레샤(1899-1960)가 그 주인공이다. 그는 무엇보다도 세계를 새롭게 보고자 했다. 그가 추구했던 세계는 이미 생명력을 잃어버린 화석화 된 세계도, 그리고 심지어 몽상가들조차도 살아야만 하는 현실의 법칙이 지배하는 세계도 아닌, 이전에 별

로 주목받지 못하거나 거의 주목하지 않았던 삶의 색채와 형태를 가진 세계이다. 환언하여 보다 비유적으로 말하면, 이것은 시적으로 아름답게 변형된, 또 다른 앵글로부터 보여지는 세계이며, 마치 시인이 세계와 처음 접촉하는 그 최초의 순간, 어린아이의 신선한 눈으로 세계를 바라보는 그 생생함의 순간 바로 그 자체라고 말할 수 있다. 또한 이 세계는 인간실존이 통상 종속되는 그러한 한계가 제거된 듯 한 세계이다. 이러한 의미에서 올레샤의 작품 속에서는 중력의 법칙과 일반적인 시각이 파괴된 듯 보이기도 한다. 이 세계는 사랑에 빠진 자들이 공통으로 경험하는 세계이며 사랑에 빠진 사람만이 이 세계에 거주할 권리를 갖는 거주민이 될 수 있다.

올레샤의 단편 『사랑』(1928)은 이러한 세계와 사랑에 빠진 사람의 세계 지각의 변화를 잘 보여주는 작품으로서 작가의 뛰어난 상상력이 돋보이는 작품이다.

이 작품의 줄거리는 간단하다. 사랑에 빠진 남자 주인공 슈발로프가 이틀 간 겪게 되는 지각의 변화에 관한 이야기이다. 하지만 현실과 몽상 간의 경계가 불분명하고 현란하게 전개되는 다양한 이미지의 생성과 변화로 인해 작품을 이해하기란 결코 녹녹치 않다.

사랑에 빠진 주인공 슈발로프의 지각의 변화는 두 가지 차원에서 일어난다. 첫 번째 변화가 대상의 단순한 외관상의 변화라고 한다면, 두 번째의 변화는 세계에 대한 슈발로프의 본질적인 지각의 변화이다. 우선 첫 번째 변화를 살펴보자.

공원에서 슈발로프가 자신의 연인인 렐랴를 기다리는 장면으로 작품은 시작된다. 그녀를 기다리는 동안 그는 자신을 둘러싸고 있는 자연의 풍부한 삶을 관찰하기 시작한다. 처음 그에게 나타난 것은 도마뱀이었다. 마음속으로 그는 다음과 같이 생각한다: "이런 돌 위에선 도마뱀도 위태롭군. 곧 발견되고 마니까." 이것은 그에게 카멜레온을 떠올리게 만든다. 도마뱀과 달리 카멜레온은 자신의 주변에 맞게 색깔을 변화시킴으로써 숨을 수 있다. 바로 이 시작하는 단락에서 작품의 주제는 상징적으로 암시된다. 여기서 첫 번째 차원의 변화가 발생한다. 이러한 색깔과 연관된 외관의 변화는 어떤 것을 다른 것으로 볼 수 있게 해주는 것에 다름 아니다. 하지만 그의 비전은 여기서 그치지 않고 점점 더 민감해진다. 보통 사람들이 여기저기로 날아가는 곤충과 새를 본다면 슈발로프는 이런 움직임 속에서 끊임없이 변화하는 아치, 다리, 탑 혹은 테라스와도 흡사한 선과 윤곽을 연상케해주는, 그것들이 그리는 보이지 않는 비행동선을 보게 된다. 이윽고 흥분과 어떤 예지로 인해 슈발로프는 스스로 "현실에 존재하지 않는 것을 보게끔 되었음"을 알아차리게 된다. 연인인 렐랴를 기다리는 동안 그는 계속해서 곤충의 종류와 풀의 색깔이 엄청나게 풍부하고 다양하다는 것을 알게 된다. 그는 자신의 주의력이 무용하게 되었을 뿐만 아니라 그것이 자신의 의지와는 별개로 아무 흥미도 없는 것에 돌려지고 있음을 느낀다. 즉, "무엇인가가 나를 지배하기 시작했어"라는 생각이 떠오르게 되었다.

바로 이때 그는 검은 모자를 쓴 청년과 만나게 된다. 이 청년과의 만남은 이 이야기의 행위의 틀을 규정지어주는 첫 번째 만남이다. 그는 슈발로프와 나란히 공원 벤치에 앉았다. 그는 선천적인 색맹으로서 초록빛 나뭇잎을 볼 수 없으며 '푸른 빛' 배 밖에 먹을 수 없다고 불평을 늘어놓는다. 이에 슈발로프는 푸른 것은 먹을 수 없다고 대답하고는 계속해서 자신의 최근 경험을 그에게 말한다. 그는 색맹 청년에게 그가 곤충의 궤도가 그리는 상상적인 건축술을 지각한 적이 있느냐고 묻는다: "새들이 당신 주위를 날고 있을 때, 어떤 도시나 상상의 선들이 형성된다는 것을 알아채지 못하시겠습니까?" 이에 색맹 청년은 상대방이 사랑에 빠져있음을 깨닫고는 "사랑에 빠지셨군요" 하고 대답한다. 바로 여기서 처음으로 이 작품의 주제가 상징적 의미를 띄게 된다. 슈발로프의 지나치게 민감한 비전은 지각의 세계에 대해 상징적인 반면 색맹 청년의 제한된 비전은 지각의 결핍을 의미한다. 이윽고 렐랴가 멀리서 나타나자 색맹 청년은 떠나려고 정중히 일어난다. 이때 또 다시 중요한 대화가 이어진다.

> "당신은 바이올리니스트가 아닙니까?" 하고 슈발로프는 상대방의 뒷모습을 향해 물었다. "당신은 현실에 존재하지 않는 것을 보고 계시는 것 같군요." 청년은 묻는 말에 대답했다. (…) 슈발로프는 화가 나서 큰 소리로 외쳤다. "아니, 당신은 바이올리니스트와 닮았습니다." 색맹의 청년은 뭐라고 중얼거리면서 그대로 멀어져 갔다. 슈발로프는 그 소리를 들을 수 있었다. "당신은 위험한 길을 걷고 있군요…"

그러나 슈발로프는 색맹 청년이 던지는 이러한 불길한 경고를 심각하게 받아들이지 않는다. 그의 지각 변화는 계속된다. 렐랴가 도착했을 때 나뭇가지가 요란스레 바스락거렸다. 이 흔한 현상을 색맹 청년은 미풍이 불어 나뭇잎이 흔들린다고 지각하지만, 슈발로프는 "나무가 열렬하게 렐랴를 환영하고 있다"고 생각한다. 비록 색맹 청년이 색맹으로 인한 몇 가지 오류를 범할 수밖에 없지만, 이에 반해 슈발로프의 지각의 결함은 점점보다 더 심각한 오류와 결합되기 시작한다.

지각의 변화로 인한 슈발로프의 고통은 렐랴와 함께 공원에 앉아 있는 동안 그녀가 살구 먹는 것을 보면서 보다 심각한 방향으로 변화된다. 렐랴는 종이봉지에서 살구를 꺼낸 다음, 살구를 쪼개서 씨를 버린다. 씨가 풀 위에 떨어졌다. 그러자 그는 깜짝 놀라며 주위를 두리번거린다. 씨가 떨어진 곳에 느닷없이 한그루의 나무가 돋아나는 것을 보았기 때문이다. 그것은 우산처럼 날씬한 멋진 살구나무였다. 거기서 슈발로프는 렐랴에게 다음과 같이 말한다.

> "아무래도 내 몸에 심상치 않은 일이 일어나고 있는 것 같아. 아까부터 사물을 보면 우선 그 사물을 형상화한 다음에 생각하게 되니 말이야. 이미 나에겐 세상의 일반 법칙은 통용되지 않아. 5년 후엔 여기서 살구나무가 자라겠지. 아니, 그건 얼마든지 있을 수 있는 일이야. 그런데 나는 놀랍게도 그 나무를 5년이나 먼저 보아 버렸으니. 어쨌든 하는 수 없지. 나는 관념론자가 되고 만 거야." "그건 사람 때문이에요." 그녀는 살구 과즙을 흘리면서 말했다.

세계에 대한 슈발로프의 비정상적인 지각이 렐랴에 대한 그의 사랑의 결과로 설명될 때 이러한 비전의 능력은 그의 지각의 신선함을 예증하는 것이다. 슈발로프는 더 이상 시간에 얽매이지 않는다. 그는 사고가 물질화되는, 그가 상상하는 세계 속에서 자유롭게 살게 되었다.

하지만 슈발로프의 본질적인 지각의 변화는 사물들의 두 번째 존재로부터 시작된다. 이것은 잠들기 전 단지 몇 분 안에 발생한다. 사랑과

졸음으로 인해 슈발로프는 사물의 이 두 번째 존재를 받아들이게 된다. 그는 렐랴의 아파트에서 자신의 지각변화에 대해 끊임없이 저항한다. 바로 이때 그들의 사랑이 완성될 때 이 지각 변화는 가장 낮은 지점에 도달하게 된다. 그는 공상에 잠겨 벽지를 보면서 누워있었다. 그리고 화관의 일정한 패턴이 염소와 요리사로 변하기 시작할 때 그는 "낯익은 정당한 형태의 변형"에 더 이상 항의하지 않는다. 잠들기 전 그가 마지막으로 본 사물은 카멜레온이었다. 슈발로프와 렐랴가 함께 잠이 든 밤 동안 낮부터 시작된 슈발로프의 지각의 변형은 완수된다.

다음날 아침 슈발로프는 새로운 세계, 즉 사랑의 세계 속에서 깨어난다. 사랑 때문에 그의 세계에 대한 지각은 변형되었다. 이 세계는 새로운 사랑의 파라다이스이자 깨어나는 시적 상상력의 파라다이스가 된다. 이제 슈발로프는 자신의 원초적 비전을 다시 획득한 아담이 된다. 그는 이 새로운 세계의 법칙이 어떤 것인지 생각하면서 침대에서 일어난다. 그리고 곧 새로운 법칙이 아닌 예전의 법칙이 부재함을 발견한다. 왜냐하면 그는 더 이상 자신이 중력의 법칙에 종속되지 않으며, 바닥에 발을 디디고 있기가 어렵다는 것을 경험하기 때문이다. 그는 자신의 생각이 물질화되어질 수 있으며 사물들이 그의 의지에 즉시 응답하여 스스로를 조작할 것이라는 것을 믿게 된다. 그가 단지 단추 잠그는 것을 생각하자마자 그것이 그대로 이루어졌다. 그가 머리를 빗으려고 빗에 물을 묻힐 것을 생각하자마자 물방울이 떨어지는 수도꼭지가 그를 부르기 시작했다. "저 여기 있어요." 이러한 자신의 능력에 깜짝 놀란 슈발로프는 세계를 통제할 수 있는 이러한 힘에 대해 동시에 두려움과 혐오감을 느낀다. 그는 이것이 자연스럽지 못하며 그의 변화된 정신적 상태의 산물이라고 믿는다. 그는 무서운 것을 생각해 낼 것 같아서 두려웠다. 이런 생각이 들자마자 즉시 그와 같은 일이 벌어졌다.

'이 방에 호랑이가 들어온 거야.' 그는 자기 의지와는 달리 이런 생각을 하려고 했다. 그러나 간신히 그 상념으로 벗어날 수 있었다. 그러다가 그는 공포어린 눈으로 흘끗 창문을 바라보았다. 그러자 곧 형체화의 현상이 일어났다. 그러나 이번에는 사고가 완전한 형태를 취하지 않았기 때문에 형체화의 결과도 어중간한 것이 되고 말았다. 창문으로 말벌 한 마리가 날아든 것이다. 몸에 줄무늬가 있는 말벌은 피에 굶주려 있었다.

"렐랴, 호랑이다!"하고 슈발로프는 비명을 질렀다.

렐랴는 눈을 떴다. 말벌은 접시 위에 앉았다.

그는 재빨리 다른 사물로 자신의 생각을 돌린다. 그 결과 부분적인 형체화가 즉각적으로 나타난다. 즉 호랑이가 말벌로 변화된 것이다. 렐랴와 헤어지면서 슈발로프는 행복에 겨워 발밑에 층계가 있다는 것도 느끼지 못한 채 집을 떠난다. 이제 그는 이것이 "환각이 아니라 현실이며, 자기 발이 공기 속에 걸려 있고 자기는 지금 허공을 날고 있다는 것"을 깨닫는다. 근처 창문에서 구경꾼들 역시 그가 "사랑의 날개를 달고 날아가고 있다"고 언급한다.

만일 색맹 청년과의 만남이 슈발로프가 위험한 길을 걷고 있는 것에 대한 감춰진 경고였다면, 그 다음 만남은 그 경고의 이행이라고 할 수 있다. 슈발로프는 2시에 렐랴를 다시 만나기 위해 공원으로 갔다. 그리고 벤치에서 잠이 든다. 꿈속에서 검은 모자를 쓰고 푸른빛이 도는 안경을 쓴 나이든 사람이 벤치에 다가와 자신을 "아이작 뉴턴"이라고 소개한다. 그가 슈발로프의 옆에 앉자, 마치 온 자연이 지휘자가 사인을 줄 때를 맞춰 소리를 낼 준비를 하고 있는 오케스트라처럼 숨을 죽이는 것 같았다.

아이작 뉴턴은 슈발로프를 관목 숲을 지나 전날의 묘목이 자라고 있는 숲속 공지로 데려갔다. 그리고 거기서 흥미로운 대화를 시작한다. 뉴턴은 나무 밑에서 사과를 집어 들고 이것을 살구나무라고 생각하는 슈발로프를 꾸짖으며 중력의 법칙에 대해 강의한다. 갑자기 그는 슈발로프를 향해 묻는다. "당신은 오늘 확실히 하늘을 날았습니까, 학생?" 슈발로프가 대답하지 않자 과학자는 질문을 고쳐 말한다. "당신은 오늘 확실히 하늘을 날았습니까, 젊은 마르크스주의자여?" 질문은 세 차례나 반복되었다. 뉴턴은 자신이 발견한 인력의 법칙을 슈발로프가 위반했기 때문에 몹시 기분이 상했다. 위반은 범죄이며 따라서 슈발로프는 그의 앞에서 잠자코 있을 수밖에 없는 것이다. 슈발로프의 비행은 어떤 법칙도 없는 지각을 통해 세계를 조망하는 것에 대한 솔직한 표현이다. 사랑이 없다면 비행할 어떠한 날개도 있을 수 없기 때문이다. 여기서 뉴턴은 슈발로프가 파괴한 모든 범속한 법칙의 대표자이자 지각이 금지되는 억압적 환경을 대표하는 상징적 인물이다. 그는 이러한 환경을 창시한 아버지이다.

어렸을 때 뉴턴은 중력의 법칙에 대해 알지 못했다. 그러나 그것을 발견하고 난 후 이제 그는 그것을 강요하며 맹목적인 복종을 요구한다.

후세들이 중력의 법칙을 당연한 것으로 받아들이는 것과 같이 색맹 청년은 사물을 푸르게 보는 타고난 성향을 갖고 있다. 그와 아이작 뉴턴은 같은 세계에 속한다. 왜냐하면 둘 다 동일한 검은 모자를 쓰고 있기 때문이다. 그러나 색맹 청년은 그것 안에서 태어났고 그것의 산물이다. 만일 원한다면 뉴턴은 안경을 벗을 수 있음에 반해 색맹 청년은 그럴 선택의 여지가 없다.

그는 푸른 것 외에 어떤 다른 세계도 조망할 수 없다. 슈발로프의 비전은 명백히 그가 살고 있는 세계에 적합하지 않다. 만약 그가 카멜레온이라면 주위환경에 맞추어 푸르게 변할 수 있을 것이다. 하지만 그는 그렇지 못하다. 카멜레온은 위선과 허위의 오래된 표상이다. 그러나 슈발로프는 자신의 감정에 정직하며 따라서 도망 혹은 파멸이라는 오직 양자택일만이 존재하는 무방비의 도마뱀에 좀 더 가깝다. 따라서 뉴턴이 슈발로프를 사과나무 쪽으로 데리고 갈 때 도마뱀이 재빨리 그들을 둘러보고 사라진 것을 지적하는 것은 흥미롭다.

이제 왜 슈발로프가 민감한 비전으로 색맹 청년을 바이올린 연주가로 보았는지 명백해진다. 아이작 뉴턴은 자연의 지휘자로서 출현하며 ("그는 왼쪽 집게손가락으로 허공을 찔렀다. 그것은 마치 그 손가락의 신호로, 지금 막 노래를 부르려고 하는 눈에 보이지 않는 합창단의 주의를 끌려고 하는 것 같기도 했다") 바이올린 연주가의 모든 행동을 지휘한다. 렐랴와 잠자리에 들자마자 슈발로프가 곧바로 카멜레온을 보았고, 동시에 그의 상념을 추측한 렐랴는 도음기호(導音記號)를 본다. 이 러시아어 어구를 글자그대로 번역하면 "바이올린 음자리표"가 된다. 만일 순종하는 주체가 바이올린 연주가와 같다면 그의 행동 영역은 오선줄 보표(譜表)의 협소한 한계로서 생각되어질 수 있을 것이다.

슈발로프의 아이작 뉴턴과의 무서운 만남은 악몽으로 판명된다. 이 젊은 반역자에 대해 뉴턴의 마지막 탄핵으로 던지는 "돼지"라는 말은 렐랴가 슈발로프에게 걸어오다가 자고 있는 그를 발견했을 때 그녀가 언급한 말로 밝혀진다. 그러나 꿈은 그에게 중요한 어떤 것을 보여주었다. 그는 이제 자신의 문제의 원인인 렐랴를 향해 다음과 같이 말한다.

> "제기랄!" 하고 슈발로프는 욕설을 퍼부었다. "난 네가 싫어졌어. 옛날에는 이것이 무당벌레라는 걸 알고 있었지. 아니, 이것이 무당벌레라는 것 외에는 아무 것도 몰랐지. 게다가 어쩌면 이놈의 이름 속에서 다분히 반(反)종교적인 냄새가 풍긴다고 말했을지도 몰라. 그러나 지금, 우리가 만난 다음부터 나의 눈에는 무슨 변화가 일어난 것 같아. 내 눈에는 하늘빛 배가 보이기도 하고, 하늘을 나는 붉은 괴물만이 무당벌레와 닮은 것처럼 보이니 말이야."

이 말은 슈발로프가 바라고 있는 것을 잘 드러내준다. 모든 것을 푸르게 본다는 것은 그가 결핍하고 있어 괴로움을 받고 있는 점이기 때문이다. 이러한 애매한 진술을 하고 난후 슈발로프는 성난 사슴처럼 달아난다. "거칠게 숨을 몰아쉬면서 맹렬한 기세로, 흘끗흘끗 곁눈질을 해가며 자기 그림자에서 도망쳐 갔다." 사람들은 이에 대해 그가 환경에 적응할 수 없음을 알고 있는 도마뱀처럼 도망가고 있다라고 말할런지 모른다. 그는 마지막으로 공포에 휩싸인 자신의 비행을 멈추고 산언덕배기에 앉는다. 올레샤는 슈발로프가 경사면 아래로 다리를 뻗고 "프리즘의 정상"에 앉아 있다고 말한다. 이 메타포는 슈발로프의 현재 위치에 보다 많은 통찰력을 제공한다. 프리즘은 빛을 통과시켜 다양한 빛의 스펙트럼을 얻고, 인공적인 무지개 빛을 발생시킨다. 뉴턴과 색맹 청년이 단지 스펙트럼의 제한된 단편만을 경험한다면 이 언덕은 슈발로프 자신의 존재 영역을 상징한다. 작가는 이 언덕 꼭대기로부터 슈발로프가 시골의 드넓은 풍광을 내려다보며 그것을 검은 모자를 쓴 두 사람의 좁은 세계 조망과 비교, 자신의 지각의 세계가 보다 더 넓고 무한하다고 언급한다. 슈발로프가 360도의 비전의 앵글을 가지고 있음에 반해, 아이작 뉴턴은 자신의 비전의 앵글을 20도까지로 축소시키는 안경에 순응했다. 뉴턴이 새로운 사회의 창시자이기 때문에 색맹 청년과 그의 모든 동료들은 똑같이 20도의 세계 조망을 가지고 태어났다.

비록 사고의 기쁨을 느끼지 못하지만 스스로 "나는 파라다이스에 살고 있다"라고 말할 때 슈발로프는 정확하게 이 언덕을 인지한다. 연이어 이루어지는 대화는 작품의 정치적 의미를 드러낸다.

> "당신은 마르크스주의자입니까?" 옆에서 누군가가 물었다.
>
> 검은 모자를 쓴, 그 안면이 있는 색맹 청년이 슈발로프와 나란히 앉아 있었다.
>
> "네, 저는 마르크스주의자입니다."하고 슈발로프는 대답했다.
>
> "그렇다면, 당신은 천국에서 살면 안 되지요."

슈발로프는 아이작 뉴턴에게 자기고백하기를 두려워했던 반면 색맹 청년에게는 모두 다 털어놓는다. 그는 자신이 하늘을 날았고 광학적 비정상성을 "실체와 물질에 대한 범죄적, 반과학적 변형"으로 분류한다는 것을 인정한다. 심지어 그가 날 수 있는 자신의 능력을 보여주려고 하자 색맹 청년은 무서워 주춤한다. "괜찮습니다. 나는 당신의 수치스러운 행위의 증인이 되고 싶은 생각은 조금도 없습니다." 이제 슈발로프는 가능한 도피의 방법을 알았다. 그는 색맹 청년에게 자신의 괴로움을 교환하자고 제안한다. 멍한 생각 속에서 슈발로프는 상징과 현실을 혼동한다. 그는 색맹 청년의 홍채(紅彩)와 자신의 사랑을 교환하자고 제안한다. "홍채"라는 러시아어 단어는 무지개의 파생어이다. 슈발로프는 색맹 청년의 협소한 색채 영역을 소유하려고 한다. 하지만 색맹 청년은 이 제안을 거부한다. 그는 급히 사과하고 언덕배기 밑으로 내려간다. "심한 안짱다리 걸음 때문에 그 모습은 인간이라기보다는 물 위에 비친 인간의 그림자 같았다." 언덕 면을 기어내려 갈 때 색맹 청년이 느꼈던 불안은 그가 낯선 땅 위, 이른바 슈발로프의 프리즘, 혹은 파라다이스에 있다는 사실에 기인한다. 그가 평지에 도달했을 때 그 대조를 주목하라.

> 마침내 평지로 내려가자 활기찬 걸음걸이로 걷기 시작했다. 그는 막대기를 버리고는 슈발로프를 돌아보고 손으로 키스를 던지며 소리쳤다.
>
> "이브에게 안부 말씀 전해주세요!"

마침내 슈발로프는 빽빽한 관목에 의해 둘러싸인 작은 개간지에서 자고 있는 렐랴를 찾아간다. 그가 자고 있는 그녀 옆에 앉아 그녀의 가슴 위에 살며시 머리를 얹자 다시금 사랑의 감정이 충만해지면서 그 어떤 세상의 소리도 들리지 않게 된다. 이때 덤불 담장 너머에서 다시

한 번 색맹 청년이 나타난다.

> "부탁입니다."하고 색맹 청년이 말했다.
> 슈발로프는 감미로운 볼을 살그머니 들어 올렸다.
> "개처럼 내 뒤를 쫓지 마시오."하고 슈발로프는 말했다.
> "부탁입니다. 당신이 말씀하신대로 하겠습니다. 제 색맹을 드릴 테니, 제게 당신의 사랑을 주십시오."
> "어서 빨리 돌아가서, 하늘빛 배라도 먹는 것이 어떻소?"하고 슈발로프는 대답했다.

이 새로운 소비에트 청년은 슈발로프가 제안했던 교환을 다시금 요청하지만 그 기회는 이미 사라져 버렸을 뿐 아니라 파라다이스로 들어갈 수 있는 가능성의 문도 닫혀버렸다. 색맹 청년의 푸른빛의 세계와 슈발로프의 파라다이스의 세계 사이에는 지나갈 수 없는 관목의 심연이 가로 놓이게 된 것이다.

『사랑』은 사랑에 빠진 주인공이 겪게 되는 지각의 변화를 다룬 작품이다. 사랑으로 인해 주인공 슈발로프는 마치 마법담의 주인공처럼 하늘을 날기도 하고 자신이 생각한대로 세계를 변형시키기도 한다. 이러한 주인공의 지각 변화를 통해 작가는 세계에 대한 새로운 시각과 일련의 눈부신 새 문학 이미지들을 창조한다. 이는 뉴튼과 색맹 청년으로 상징되는 무채색과 무지각의 공리주의적 사회주의 세계에 대한 소수 집단의 상상력과 예술적 이미지의 승리를 의미한다. 하지만 불행히도 이러한 승리는 결코 작가나 주인공의 실존적 공간 속에서는 결코 존재할 수 없는 메타포에 불과할 뿐이다. 비록 주인공 슈발로프가 파라다이스에 살고 있지만, 이야기의 마지막에서 보는 바와 같이 그곳은 현실의 시공간과 양립할 수 없고 완전히 유리된 유토피아의 공간일 뿐이다. 결국 슈발로프의 지각의 승리는 덧없고 착각에 불과한 것으로 판명될 운명이다. 따라서 1930년대에 올레샤는 침묵을 강요받게 되며, 자신의 메타포 가게 문도 닫게 된다.

> "나이가 들어 나는 메타포 가게를 열었다. (…) 나는 많은 훌륭한 메타포들을 갖고 있었다. 언젠가 한번은 그것들 중 하나 때문에 가게에 불이 날 뻔 했었다. 그것은 어느 가을날 오후 나무 밑 부근에 있는 조그마한 웅덩이에 관한 메타포였다. 이 웅덩이는, 이미 말한 바와 같이, 나무 밑에 마치 집시여인처럼 누워있었다. (…)
>
> 그래서 나는 나의 메타포가 풍부해질 것이라고 생각했다. 그러나 고객들은 값비싼 메타포들은 사지 않았고, 주로 '죽음과 같이 창백한' 혹은 '시간은 피곤하게 지나갔다'와 같은 메타포들을 샀으며, '백양나무처럼 맵시있는'이라는 메타포들은 순식간에 팔렸다. 그러나 이것은 값싼 상품이었다. 따라서 나는 심지어 그럭저럭 살 수도 없게 되었다. 내 스스로가 이미 '그럭저럭 살다'와 같은 그러한 표현에 의지하게 되었다는 것을 깨닫게 되었을 때, 나는 가게 문을 닫기로 결심했다."

인도문학과 세속적 사랑

김 우 조

1

카주라호

사랑은 시대와 지역을 초월하여 모든 예술 장르에서 가장 핵심적인 주제이다. 예술 작품에 형상화된 사랑의 성격과 형태는 다양하다. 그 가운데 가장 흥미로운 사랑은 남녀 간의 사랑일 것이다. 인도여행에 관해 조금만 관심 있는 사람이면 거의 모두가 빼놓지 않고 가보고 싶어 하는 곳이 아마도 유네스코 지정 세계문화유산 카주라호(Khajuraho)일 것이다. 카주라호가 세계적으로 유명한 것은 자그마하고 조용한 농촌 마을 곳곳에서 발견되는 사원들의 외벽에 조각된 다양한 형태의 남녀 교합(交合)상 즉 미툰상 때문이라고 생각된다. 실제로 조용하고 자그만 농촌마을은 사원 외벽에 노골적으로 표현된 사랑의 다양한 형태의 남녀 조각상을 설명하는 많은 안내인들의 열정적 설명과 그들의 설명에 따라 남녀조각상에 심취하는 관광객의 열기로 후끈 달아오르기도 한다. 이 사원들은 10~12세기에 건설된 것으로 외벽에 조각된 남녀 간의 육체적인 사랑의 노골적인 묘사는 중세 인도 사회의 사랑에 대한 관점을 반영하고 있다.

인도문학에서도 남녀 간의 사랑이 매우 중시되었다. 인도문학이나 예술에서 가장 중요한 개념 중에 하나는 라사이다. 라사에 관한 설은 매우 다양하지만 간략하게 설명하면, 라사는 예술작품에는 인간 내면에 '영속적으로 존재하는 감정'(스타이바우)을 유발하는 요소(알람반, 남녀 주인공)와 감정을 고조시키는 요소(웃디빤, 주인공의 거동, 의상, 장신구, 시간과 장소의 분위기 등) 그리고 감정의 다양한 형태가 합쳐져 궁극적으로 '영속적으로 존재하는 감정'이 형상화되고 감상자가 그 작품을 감상할 때 감상자의 내면에도 '영속적으로 존재하는 감정'이 자극을 받아, 감상자가 느끼는 미적 감동이라고 할 수 있다. 인도의 시론에는 사랑(슈링가르), 익살(하샤), 비애(까루나), 분노(로우드라), 용맹(비르), 공포(바야나끄), 혐오(비바뜨사), 경이(아드부뜨)의 라사가 있는데 그 중에서 사랑(슈링가르)을 라사의 왕(라스라즈)이라고 인정하여 남녀 간의 사랑을 가장 중요시하였다.

인도의 시론에서 대서사시의 주제는 언급한 라사 중에서 사랑, 용맹 등이 되어야 한다고 규정한다. 인도 고대문학을 대표하는 최고의 시인 겸 극작가 깔리다사(기원 후 4, 5세기 추정)의 대표작 중에서 라구 왕조에 속하는 왕들을 다룬 대서사시 「라구원슈」(라구왕조)를 제외하고 모든 작품의 주제는 사랑이다. 대서사시 「꾸마르삼바우」에서는 쉬바신과 빠르와띠 여신의 사랑을, 서정적 서사시 「구름의 사자」에서는 귀양살이 하는 반신반인인 약샤의 이별한 아내에 대한 절절한 사랑을, 「비끄라모르쉬여」에서는 '뿌루라바스' 왕과 선녀, '우르바시'의 오래된 사랑이야기를, 『말라비까와 아그니미뜨라』에서는 '아그니미뜨라' 왕과 '말라비까' 공주 사이의 사랑을, 또한 『아비갼샤꾼딸라』에서는 '두쉬안뜨' 왕과 '샤꾼딸라'의 사랑을 다루고 있다.

2

인도 고대문학에서도 사랑은 가장 중요한 주제이었다. 그러나 이런 사랑이야기는 대부분 전해져 오는 신화, 전설, 역사 등에서 제재를 취했었다. 일상에서 나온 세속적인 남녀의 사랑에 관한 시가 대중의 언어였던 쁘라끄리뜨어로 단연시의 형태로 처음 나왔다. 이런 단연 시들의 첫 번째 시 모음집은 할(기원 전후 1세기)의 『사뜨사이』(7백송집)이다. 할의 『사뜨사이』의 영향을 받아 후에 엘리트의 언어였던 산스끄리뜨에서도 세속적 사랑의 단연시집들이 나왔다. 바르뜨리하리(7세기)의 『슈링가르샤따끄』(사랑의 백송집, 아마루끄(7세기 후반 또는 8세기 전반)의 『아마루끄샤따끄』(아마루끄의 백송집) 등이 일상을 다룬 단연시 모음집으로 유명하다.

바르뜨리하리는 『슈링가르샤따끄』에서 궁극적으로 인생에서 육체적인 사랑의 유해함과 신에로의 귀의를 주장했지만 아마루끄는 육체적인 사랑을 긍정적으로 그리며 연인들의 관계에 따라 사랑의 여러 상태와 격렬한 감정을 묘사했다. 그의 사랑에 관한 시는 종종 관능적이나 재미있고 정감 있으며 여성 심리에 대한 깊은 이해가 돋보인다. 또한 이야기의 절정에서 시를 끝맺고 나머지는 독자의 상상력에 맡겼다.

> '어떻게 되나 두고 볼 거야' 라고 나는 생각하고 그녀에 대해 마음을 굳게 먹었다.
> '뭐, 그 못된 놈이 나에게 말을 하지 않아' 라고 생각하고 그녀는 노발대발했다.
> 서로 외면하고 계속 우리는 서 있었다.

마침내 나는 알 수 없는 웃음이 터졌고
그녀의 눈물은 나의 결심을 앗아갔다.

「쪼우르빤샤시까」 중에서

앞에서 언급한 깔리다사의 『구름의 사자』가 신화에서 제재를 가져 왔다면 일상의 세속적인 사랑의 이야기가 작품화되기도 했다. 카시미르 지역의 시인, 비흘란(11, 12세기)의 대담한 도둑과 공주의 비밀스런 사랑을 묘사한 『쪼우르빤샤시까』(도둑의 50頌)의 모든 연에서 '오늘도'라는 시어로 시작하여 과거를 회상하면서 여인에 대한 격렬한 사랑의 감정을 표현했다.

오늘도 나는 가느다란 팔로 나의 목을 감싸 안고 있는
그녀를 볼 수 있네.
나의 가슴은 그녀의 두 젖가슴을 꼭 껴안고
그녀의 귀여운 얼굴은 입맞춤으로 내 얼굴을 빨아들이며
장난끼 있는 그녀의 눈은 황홀경에 절반쯤 감았네.

오늘도 이 저녁,
새끼사슴의 눈과 우유 빛의 두 젖 무덤을 가진
나의 가장 사랑하는 여인을 볼 수 있다면
나는 왕위와 천국과 마지막 행복의 희열도 버릴 것이네.

이런 종류의 사랑의 시이지만 성격이 조금 다른 산스끄리뜨어 시인 자야데바(12세기)의 「목동의 노래」라는 작품이 있다. 시인은 이 작품에서 라다와 소치는 여인들에 대한 끄리슈나의 사랑을 감미롭고 아름답게 묘사하고 있다.

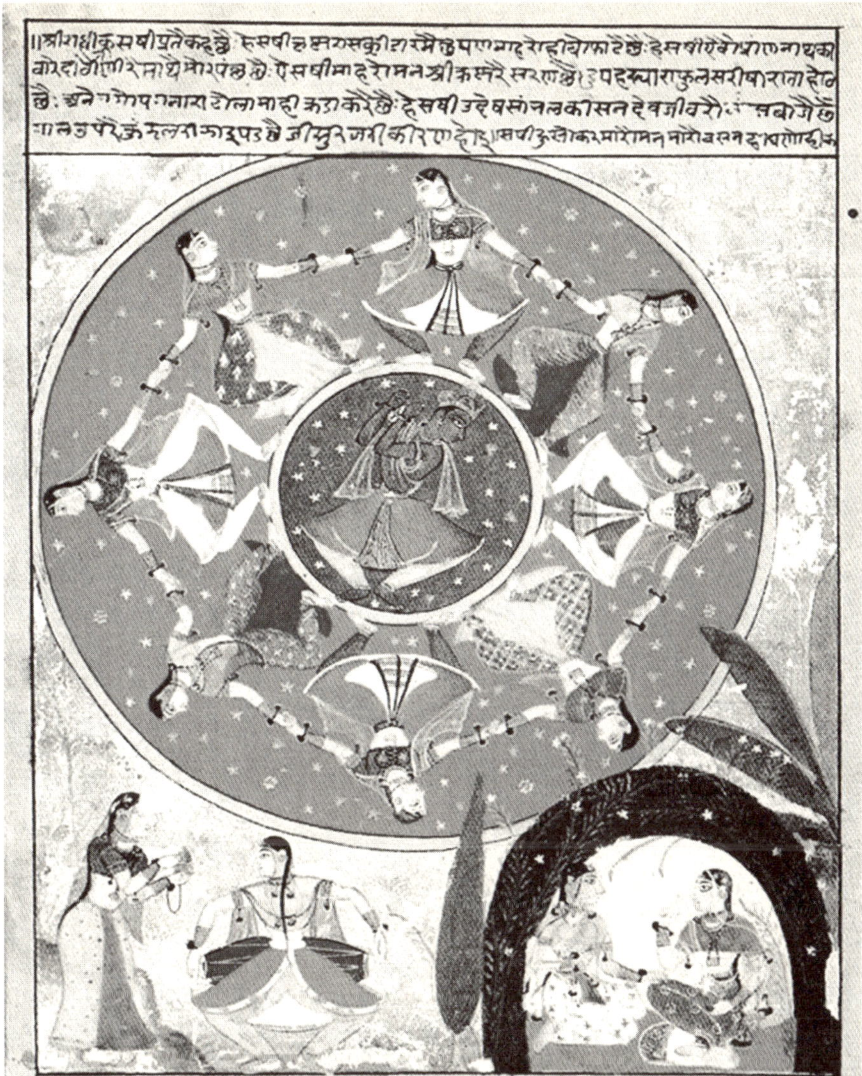

끄리슈나와 소치는 여인들과 함께 즐겼던 일종의 강강술래인 '라스릴라'의 장면

남쪽 산에서 사랑의 신과 함께
미풍이 불어오고
꽃이 무리 지어 망울을 터트리며
이별한 연인들의 가슴을 찢을 때
그는 들꽃으로 장식한 당신과의 이별로 비통해하오.

차가운 달빛도 그를 흥분시킨다오.
그는 마치 죽은 사람 같다오.
그는 사랑의 화살에 맞아
아주 비참하게 불평을 한다오.

끄리슈나는 인도인들이 사랑하는 신이고 그의 관해서는 인도 예술의 모든 장르에서 광범위하게 다루어져 있다. 현재의 끄리슈나상의 근원이 매우 다양하고 그래서 그는 다양한 형태로 알려져 있다. 그 중에서도 힌두교의 수많은 경전 중에서 정수라고 알려진 『바가바드 기따』에서 집착을 버린 의무수행의 중요성을 강조하는 교훈자로서 끄리슈나의 모습은 매우 유명하다. 그러나 인도인들의 의식 속에 친밀하게 각인되어 있는 끄리슈나의 모습은 아마도 양모에게 거짓말을 하며 떼를 쓰고, 피리를 불어 동네의 소치는 여인들을 집 밖으로 나오게 하여 함께 '강강술래'를 하고 또한 연인 라다를 만나려고 친구들에게 거짓말을 하는 악동 끄리슈나일 것이다. 중세 인도의 종교시인 수르다스(15-16세기)는 라다가 끄리슈나를 만나려고 잃어버린 진주목걸이를 찾는다고 어머니에게 거짓말을 하고 숲으로 가고 끄리슈나는 이것을 알고 기쁨으로 초조해져 식사하고 있는 친구들에게 소를 치겠다고 속이고 숲으로 달려가 둘이 사랑하는 모습을 그린다.

라다가 기다리네, 끄리슈나와의 재회를, 그 사이 와서 웃으며 품에 안는다네
둘은 너무 기뻐 초조해지고 달려가 만나네, 극빈자가 보물창고를 얻은 듯이.

3

남녀 신의 사랑이 세속적인 인간의 세속적인 사랑에 결코 뒤지지 않

는다. 남녀 신에 관한 찬양 시에 신에 대한 절대적인 믿음, 사랑, 헌신의 박띠가 내포되어 있지만 외적으로는 남녀 간의 감미로운 사랑이 주를 이루었다. 신에 대한 절대적인 박띠가 시의 영혼이었던 끄리슈나 신과 라다의 사랑에 관한 찬양 시의 성격이 바뀌는 것을 17세기의 시인 비하리(Bihaarii)의 시를 통해 알 수 있다.

> 연인과 얘기하고 싶은 욕심으로, 피리를 감추었네.
> 맹세하지만 눈썹은 웃네, 달라고 말하자 부정하네.

라다는 끄리슈나와 이야기하고 싶은데 끄리슈나는 피리를 불면서 자신을 외면한다. 라다는 끄리슈나의 피리를 가져다 감추고서 절대 감추지 않았다고 맹세하지만 눈은 웃으면서 자신이 가져왔음을 인정한다. 비하리는 연인과 수다 떨고 싶은 여주인공의 모습을 2행의 짧은 시에 잘 표현하고 있다. 라다와 끄리슈나는 이제 더 이상 박띠의 대상이 아니었고 다만 세속적인 사랑에 울고 웃는 남녀주인공이다. 남녀 신들도 인간이 되어서 세속적인 사랑을 한다. 근대로 들어오기 이전에 인도의 고유어 문학에 '라사'의 관점에서 사랑(슈링가르)의 시대라 불릴 정도로 세속적인 사랑의 시가 주된 흐름을 이루었다.

이 사랑의 시대의 시에는 인생에서 사랑 외에는 아무 것도 존재하지 않는 것과 같았다. 시인들은 사랑의 두 가지 상황, 함께 있을 때(상요그)와 떨어져 있을 때(비요그)를 총체적이면서도 세밀하게 그렸다. 함께 있을 때의 서술과 묘사는 남녀 주인공, 여주인공의 친구들, 사자(使者), (사랑의 감정을 더욱 자극하는 우딧빤으로서) 여섯 계절, 사랑에 대한 반응과 정직한 사랑의 감정, 여주인공의 성격 및 장식 등이 포함되고 떨어져 있을 때의 묘사에서는 사랑하기 전에 반한 상태, 토라짐, 여행(순례), 타지에서의 거주 등의 다양한 상황과 사랑하기 전에 주인공에 관해 듣거나 그림을 보거나 직접 본 상황, 토라진 애인의 화를 풀어주는 여러 방법과 이별 중의 여러 상태와 여주인공의 24시간, 6계절과 열두 달 묘사 등이 포함된다. 함께 있을 때보다 떨어져 있을 때의 묘사가 많고 주로 여주인공의 사랑의 모습이 그려졌다. 앞에서 언급한 비하리의 시 한 두 편을 보면,

> 이별로 타고 있는 여인을 보호하려고 병 채로 뒤집어 쏟았네.
> 중간에서 다 말랐네, 장미 즙은. 한 방울도 몸에 닿지 않았네.
>
> 손으로 비벼댄 꽃과 같이 시들어 버렸네, 이별로 인해
> 항상 가까이 있는 친구이지만 알아보는 것이 어렵다네

이별로 괴로워하는 여인이 얼마나 열불이 났는지 몸을 진정시키려고 쏟아 부은 장미 즙 한 병이 모두 수증기가 되어버리고 너무 말라서 친구도 알아 볼 수 없다고 한다. 이 시대의 시인이 그린 여주인공의 모습은 상당히 과장되어 있고 기형적이라고 할 수 있다. 여성의 내면의 세계에는 결코 들어가지 않았고 머리에서 발끝까지 여성의 외형적인 모습을 그리는 데에 많은 정열을 쏟았다.

이 시대의 사랑의 시에는 남성의 사랑보다 여성의 사랑이, 그것도 사랑의 외형적인 모습이 집중적으로 그려져 있다. 이 시대의 작품 속에 사랑은 독립적으로 쓰여진 것이 아니고 시인들이 남녀 주인공 분류법에 따른, 사랑의 모습의 예로 시를 썼다. 앞에서 언급한 '라사'의 해석 중에서, 대단히 일반적이면서도 중요한 부분인 남녀 주인공의 분류법이다. 왜냐하면 사랑의 모습은 남녀 주인공의 따라 다르게 나타난다고 보았기 때문이다. 시인들 사이에는 남녀 주인공, 그 중에서도 여주인공 분류법에 따른 사랑의 모습의 예로 시를 쓰는 경향이 더 많았다.

인도 시론에서 사랑(슈링가르)의 라사의 알람반(감정을 유발시키는 것으로 남녀 주인공과 사랑(kaama)과 관련된 상황들과 심리적 반응

현재 관광지에서 팔리고 있는 『까마수뜨라』

을 관점에 두고 분석되었다. 사랑에 관련된 이론적인 토대는 와뜨샤얀의 『까마수뜨라』(기원 후 2세기) 등 인도의 성에 관한 경전이었다. 와뜨샤얀은 인도인들의 삶의 목표인 다르마(질서 체제 유지의 법), 아르타(Artha, 세속생활의 실리)에 관한 경전과 같이 성에 관한 경전을 집대성하기를 원했고, 그전 시대의 광범위하고 많은 성학의 정수를 모아서 이 책을 썼다. 이 책에는 청춘 남녀의 다양한 사랑의 묘사뿐만 아니라 예의범절도 있었다. 그러나 시대의 변화와 함께 그 속의 예의범절은 없어지고 단지 성희(性戱)가 주를 이루게 되었다.

인도시론에서 사랑의 모습을 결정하는 남녀주인공을 다양한 기준을 근거로 분류했다. 여주인공의 경우, 가장 먼저 연인과의 관계에 따라 정상적인 관계의 여주인공과 비정상적인 관계의 여주인공으로 나뉘고 매춘부는 별도로 분류했다. 정상적인 관계의 여주인공을 나이에 따라, 다시 성격에 따라 나누고 비정상적인 여주인공을 미혼자와 기혼자로 나누고 그 특성에 따라 나누었다. 또한 여주인공의 성격, 상태, 행위에 따라 나누기도 한다. 위에서 우리가 본 여주인공은 남편이 외지에 나가있어 남편과 이별한 상태에 있는 '쁘로시뜨나이까'이다.

이 시대의 사랑 시에서. 쾌락을 추구하는 연인으로서의 여성의 모습을 제외하고 여성의 다른 모습은 찾아보기 힘들다. 이제 연인과 비정상적인 관계의 여주인공이 연인을 보고 싶어 안절부절 못하는 모습과 마당에 비쳐진 연인이 날린 연의 그림자를 본 여인은 미쳐서 그 그림자에 달려가 입을 맞추며 돌아다니는 모습을 보자,

여기서 저기, 저기서 여기
한 순간도 어딘가 있지 못하네.
한 순간도 쉼이 없네.
바람개비되어 다시 왔다 다시 가네.

날고 있는 연을 보고서
사랑하는 사람의, 여인은 안마당에
미친 여인처럼 달리며 도네,
아름다운 그림자를 만지면서

여인의 외형적인 모습에 반영된 사랑은 당시 병든 사회적 심리상태가 작용한 결과라고 볼 수 있다. 여기에는 당시 퇴폐적인 궁중문화의 영향이 크다. 우리에게 익숙한 영원한 사랑의 상징, 따즈마할을 세계문화 유산으로 남긴 무갈제국이 쇠퇴한 이후 여러 자그마한 왕국의 통치자들이나 그들보다 더 작은 봉건영주들도 한창 융성했던 거대한 무갈 제국의 궁중 문화를 그들의 이상으로 삼고 그 전통에 따라 시인들을 궁정에 두었다. 쇠퇴기의 건강하지 못한 특성에 따라 왕이나 영주들은 자신의 칭찬을 듣거나 쾌감을 얻거나 또는 다른 사람들에게 과시하려고 기교가 뛰어난 시인을 찾고 있었다. 다른 한편 시인들은 왕이나 영주들의 후원을 받아 살아가기 위해 적나라한 사랑을 주제로 번득이는 기교를 보이려고 노력했다. 시인들은 라사 이론의 여주인공 분류를 중심으로, 주로 사랑의 라사를 상세하게

여주인공 분류 그림-연인과 밀회를 위해 가는 '아비사리까' (abhisaarikaa) 여주인공

다루었다. 시인들의 주요 목표는 시 이론 분석보다는 예로서 시를 쓰는 것이었고 사랑을 라사의 왕으로 정립했다.

그러나 이 시대에 궁중문화의 영향 아래 시 이론에 얽매여 시를 쓴 시인들만 있는 것은 아니다. 가나난드(17세기)는 시 이론에 얽매여 있는 시인들은 평범한 시를 만든다고 비웃으면서 자신은 마음의 눈으로 사랑의 아픔을 체험했다고 토로한다. 시인 (남자 주인공)의 이별한 연인, 수잔에 대한 격렬한 사랑을 표현한 시를 한 수 감상하면서 인도문학에서 세속적 사랑에 관한 글을 마무리 짓고자 한다.

> 그 때는 아름다움을 마시며 살았네, 이제는 생각하면 눈에 열이 나네
> 사랑의 영양으로 만족하며 생명이 길러졌네, 큰 고통, 고뇌로 가득하여 초조하네,
> 가나난드는 말하네, 친구 수잔이 없으니 모든 기쁨의 도구들의 더미는 사라졌네
> 그 때는 목걸이가 산처럼 느꼈었네, 이제는 두 얼굴 사이에 산이 놓였네

미국

한결같은 사랑의 힘

―니콜라스 스팍스의 작품을 통한 그 진행형의 확인

김 일 구

들어가며

많은 세계의 문학작품들이 때로는 애틋한 혹은 가슴 절절한 사랑을 주제로 쓰여져 왔고 지금도 사랑에 대한 이야기를 누군가 쓰고 있고 또 앞으로도 계속 쓰여 질 것이다. 영미문학에서도 사랑의 이야기는 그 어느 다른 주제보다도 많이 다루어져왔다고 할 수 있다. 몇몇 언뜻 떠오르는 사랑을 주제로 한 대표적 영미문학 작품을 들더라도 〈로미오와 줄리엣〉에서 베로나의 두 원수 집안 캐퓰릿가와 몬테규가의 젊은 선남선녀의 이루지 못한 비극적 사랑을 비롯해서, 스텔라와 엘리자베스 보일이라는 연인에게 바치는 필립 시드니나 에드먼드 스펜서의 궁정풍의 목가적 연애시, 존 단의 컴퍼스나 벼룩과 같은 기상(奇想)을 소재로 한 사랑과 종교의 시, 제인 오스틴의 〈오만과 편견〉에서의 베넷가의 둘째 딸 엘리자베스의 귀족가문 출신 다아시에 대한 빅토리아식의 현실적 사랑, 에밀리 브론테의 〈폭풍의 언덕〉에서 캐서린이 죽어가면서 "나는 히크클리프다" 라고 외칠 만큼의 이성을 넘어선 격정적 사랑, 이디스 워튼의 〈순수의 시대〉에서 변호사 뉴랜드 아처의 유럽에서 돌아온 옛사랑 메이에 대한 플라토닉한 사랑. 스콧 핏츠제럴드의 〈위대한 개츠비〉에서의 재즈시대의 잃어버린 세대의 모습을 잘 보여준 출세한 개츠비의 데이지에 대한 집요한 사랑, 블라디미르 나보코프의 〈롤리타〉에서 중년남성 험버트의 요정같은 열두 살 어린 소녀 롤리타에 대한 도착적인 사랑, 그리고 1970년도 라이언 오닐과 앨리 맥그로의 영화로 더 잘 알려진 에릭 시걸의 〈러브스토리〉에서 하버드 대학생 올리버의 제니에 대한 순정적 사랑 등 자세히 열거하자면 끝이 없을 것이다.

흥미로운 것은 포스트모더니즘이라는 해체적이며 유희적 성격이 강하고 반이성적이며 자아반영적인 문화 및 사상적 현상이 2차 대전이 끝나고 1960년대 이후 도처에 자리 잡기 시작하면서 사랑에 대한 영미 문학적 경향도 이전의 온전하고 순수하고 로맨틱한 사랑보다는 관음증이나 스토킹, 크로스드레싱 같은 성적 편벽이나 도착, 게이나 레즈비어니즘과 같은 동성애, 혹은 아예 인간이 아닌 인공지능이나 로보트와의 교감을 그리는 사이보그적 사랑 등으로 사랑의 일탈적이고 파편화된 양상이 강조되고 있다는 점이다. 예를 들어 이언 매큐언의 〈인듀어링 러브〉에서는 아이가 탄 헬륨 열기구풍선의 갑작스런 상승을 멈추려다 떨어져 죽은 한남자의 사고사를 동시에 경험한 조와 패리라는 두 남성의 이야기를 다룬다. "타인과 사랑의 교제 관계에 있다는 망상적 확신으로 상대방이 먼저 사랑에 빠졌고 먼저 구애를 했다고 주장"하는 '드 클레랑보 신드롬'이라는 병에 걸린 패리는 조에 대한 끊임없는 스토킹으로 결국 사랑을 두려운 감정으로 만들어 조의 일상을 파괴적으로 만들고 만다. 애니프루의 〈브로크백 마운틴〉에서는 여름 한

철 양떼 방목장에서 같이 일하게 된 갓 스물의 두 청년 에니스와 잭의 동성애적 경험이 결코 짧은 일시적이고 자극적인 경험이 아니고 어떤 경우에는 양성애적 결혼 이후에도 결국 극복하지 못하는 본성적 인간의 감정일 수 있다는 문제를 제기한다. 그런가하면, 마지 피어시의 〈그, 그녀 그리고 그것〉이나 리처드 파워즈의 〈갤러티아 2.0〉은 인간에게서 아무런 감정의 위안을 찾지 못하는 두 주인공 시라 쉽먼과 저자와 동일한 이름의 주인공 리처드 파워즈가 각각 남성 사이보그 요드와 여성 인공지능 갤러티어와 사랑에 빠진다는 설정을 통해 앞으로의 기술사회가 과연 테크노토피아가 될지 디스토피아가 될 지를 독자에게 되묻는다. 특히 마지 피어시의 여주인공 시라 쉽먼은 요드라는 사이보그와 정신적이 아닌 육체적 성관계까지 갖는 것으로 묘사하여 인간소외가 기술에 의해 극복될 수 있는 것인지 아니면 기술이 인간을 감정뿐 아니라 몸의 차원까지도 지배하게 되는지를 풍유적으로 탐색해간다.

2000년 새천년이 오면 많은 것이 바뀌어 매우 혁신적인 삶을 살 것이라고 기대했던 많은 사람들은 벌써 새천년하고도 10여년이 넘은 시간이 지나도록 새로운 획기적인 것이 삶을 바꾸기보다 오히려 일상의 삶은 수십 년 전의 삶과 별반 다를 것이 없음을 자주 확인한다. 결국 사랑의 문제도 기술의 발전과 포스트모던 경향으로 많은 변화를 겪고, 사회적으로도 만혼과 독신의 경향이 강해지고 또 그 결과로 태어나는 아이들이 줄어 향후 교육과 경제 등에서 많은 변화가 예상되기는 하지만, 여전히 우리사회에서 남녀가 서로 사랑하고 결혼하고 가정을 꾸려 아이를 낳고 기르며 책임있는 부모의 역할을 하다가 인생의 황혼기에 이르기까지 서로 배려하고 아끼며 사랑하다가 사별하는 것이 사랑의 보편적 모습이다. 배신과 불륜과 탐욕, 도착 등의 일탈적인 사랑의 모습을 마치 주된 흐름인 듯 강조하는 많은 포스트모던 경향적 대중매체

속에서 이러한 인류 역사이래 계속되어져 온 보편적인 사랑의 모습을 우리는 너무 잊고 사는 경향이 있다.

니콜라스 스팍스가 전해주는 사랑

영미문학 속에서 어떻게 보면 이러한 복고적일 수 있는, 보편적인 남녀 간의 순수한 사랑의 모습을 그리며 대중적으로나 매체적으로도 많은 호응을 얻고 있는 작가가 바로 니콜라스 스팍스(Nicholas Sparks)이다. 그의 작품은 대개 노스캐롤라이나 해변의 작은 마을에서의 소박한 생활을 담고 있으며 단지 한 명의 여성과 생애를 함께 하며 가족 간의 우애를 확인하는 것을 행복으로 하는 성실하고 다소 고지식한 남성의 옛 삶의 방법을 매우 감성적이고 로맨틱하게 그려내는 특징이 있다. 네브래스카주 오마하출신의 작가인 그는 대학교수인 아버지와 안과의 조수인 어머니 사이에서 1965년 태어나 아버지의 대학원공부로 이곳저곳을 자주 옮겨 다니다가 캘리포니아에서 고교를 졸업 후 사립명문대학인 노트르담 대학에서 기업금융을 전공하였다. 카톨릭의 선동이 강한 집안과 대학에서 교육을 받았으며 대학졸업 후 출판사, 부동산 회사, 웨이터, 판매업 등을 전전하다가 결혼 후 제약관계 업무에 주로 종사하면서 동시에 틈나는 대로 소설을 본격적으로 출판하게 된다. 1996년 출판된 〈노트북〉은 그를 일약 베스트셀러 작가로 만들어 워너북 그룹에서 1백만달러 선인세를 받게 하기도 하였다. 그는 지금까지 15권의 장편소설을 출간하였는데 그중 최근의 〈라스트 송〉까지 포함하면 다섯 작품이 성공적으로 영화화되었다. 그는 현재 자신의 작품의 주요 배경으로 자주 등장하는 노스캐롤라이나주에 정착하여 아내 및

5명의 아이와 함께 살고 있다.

그가 처음 쓴 소설은 1985년, 대학 1학년의 여름방학과 2학년에 걸쳐 쓴 〈패싱〉이지만 출간되지 못하였고 1989년에 쓴 〈로얄 머더즈〉 역시 출간되지 못한 습작으로 그쳤다. 1990년에 올림픽 금메달리스트 빌리밀즈와 공동으로 쓴 〈워키니—행복과 자기이해로 이끄는 라코타 여행〉이 처음 출판되었으나 약 5만부의 매출 정도로 그치고 만다. 국내에 영화로도 잘 알려진 〈노트북〉은 그가 노스캐롤라이나 뉴번에 정착하여 제약판매를 하던 중에 갖던 여가를 이용하여 틈틈이 집필하였고 탈고 후 약 2년이 지나 테레사 파크라고 하는 에이전트에 의해 발굴되어 1996년 출판되었는데, 요양 시설에서 혼자 알츠하이머병에 걸려 쓸쓸히 지내고 있는 초로의 여성 앨리를 방문하여 기억력을 상실한 그녀에게 80세가 된 노아가 미국 남부의 작은 마을에서의 어느 여름, 자신과 그녀와의 젊은 시절 사랑이야기를 회상하여 들려주는 방식으로 전개된다. 60년이 넘게 결혼생활을 하던 작가 스팍스의 아내의 조부모를 모델로 하여 썼다고 하는 이 소설은 1940년 여름휴가를 보내기 위해 온, 아직 남부의 유복한 가정의 외동딸인 10대의 앨리가 어느 카니발의 밤에 현지의 목재공장에서 일하는 청년 노아를 만나면서 숙명적인 사랑이 시작된다. 점점 둘 사이의 사랑이 뜨겁게 되어가던 중 앨리를 어느 교외의 낡은 집에 데리고 나간 노아는 수 백년 전에 지어진 이 집을 개축하는 것이 자신의 장래의 꿈이라

고 말한다. 노아를 만나면서 자신의 그림에 대한 열정을 재확인한 앨리는 노아가 개축하려는 집에 자신의 아틀리에를 만들었으면 좋겠다고 부탁함으로써 두 연인은 자연스럽게 장래를 약속하는 사이가 된다. 그러나 15세의 앨리와 17세의 노아(영화에서는 각각의 나이가 17세 19세로 바뀌어 짐)가 서로 사귀기에는 아직 너무 어리고 노아의 허드레 일을 하는 처지를 좋지 않게 본 앨리의 부모는 앨리를 강제로 찰스톤으로 데리고 가고 만다. 앨리는 학교생활을 하면서 그리고 노아는 제2차 대전에 참전하면서 둘 사이는 만날 수 없는 처지가 되지만 노아는 전쟁터에서도 매일 같이 편지를 앨리의 주소로 보낸다. 그러나 앨리의 부모에 의해 편지는 한 번도 앨리의 손에 전달되지 못하고 앨리는 노와와의 옛 추억을 가슴에 담은 채로 다른 남성과 교제를 하게 되고 마침내 가문 좋은 변호사 론과 부모님의 축하를 받으며 결혼을 앞 둔 처지가 된다.

결혼식 준비로 바쁘게 지내던 어느 날 앨리는 우연히 신문에서 멋지게 개축된 옛날의 저택과 그 앞에서 포즈를 취한 노아의 사진을 보게 된다. 앨리는 노아가 훌륭하게 재건한 대저택을 방문하고 노아가 매일 같이 써 보냈지만 자신은 한 번도 받아보지 못한 편지 이야기를 듣고 노아와의 사랑을 재확인하고 이틀을 노아와 꿈같은 사랑에 빠져 지낸다. 자초지종을 론을 통해서 전해들은 앨리의 어머니는 앨리에게 노아를 단념시키기 위해 자신이 한때 사랑했던 젊은이가 지금은 늙수레한 노동자 신세에 불과함을 직접 보여주면서 설득하지만 앨리는 이에 굴복하지 않고 안정과 재산과 영화가 보장된 지금의 약혼자 대신에 자신의 견고한 옛 사랑인 노아를 선택한다.

노아가 자신의 수첩에 적은 젊은 시절 옛 사랑의 모든 기쁘고 슬픈 기록을 지금은 기억을 읽어버린 병들고 늙은 앨리에게 매일 방문하여 하나하나 세밀하게 읽어주면서 이 늙은 노부부가 인간의 한계상황이기도 한 기억의 상실과 흘러가는 시간에 저항해 또 다른 창조적인 제2의 삶을 살아간다는 것은 이 소설을 단지 하나의 통속적인 연애소설 이상으로 만드는 인상적인 작가의 구성이라고 할 수 있다. 우리가 어린 시절 일기장에 적었던 기억과 기록들이 종종 시간이 지나면서 한낱 휴지조각처럼 여겨져 종종 폐기되었던 것에 비하면, 이 소설과 영화에서 보여주는 노아의 노트북은 얼마나 쓰기가 시간에 저항하는 유용한 방식이며 우리의 자연스럽게 진행되는 망각을 막아 주어 생생하게 과거를 현재진형으로 되살리며 시공을 자유롭게 넘나들게 만드는 슈퍼파워를 갖고 있는지!

머리카락을 어느 새 희끗하게 변하게 하는 시간에 저항하며 빛나던 젊은 시절의 사랑과 애증의 격렬함을 더욱 활기 있게 재창조하는 이와 비슷한 주제의 영미문학에서의 회상소설로는 L. P. 하틀리의 〈중매인〉이나 마거릿 애트우드의 〈고양이의 눈〉을 들 수 있다. 각각 1953년, 1988년에 발표된 이 소설들은 어린 시절의 트라우마를 공통적 소재로 하고 있다. 친구의 누나 매리언을 사랑했던 가난한 보딩스쿨 학생 리오나 어린 시절 자신을 웅덩이에 산채로 매장하려 했던 악녀친구 코델리아를 가진 일레인은 독성식물 나이트쉐이드(nightshade)로 비견되는 악하지만 매력적인 어린 시절 추억속의 여성인물들을 나이들어 회상하면서 라캉이 말하는 소위 금지와 죽음의 본능이 결합된 남근적 향락(phallic jouissance)을 느낀다. 아프리카의 이구아나는 찬란한 색채로 사람들을 유혹하지만 그 도마뱀이 화살을 맞는 순간 그 영롱함이 사라지듯이 우리의 욕망은 항상 지연된 상태로 남겨진다. "내가 보기만 한다고 믿는 단계는 상상계이고, 보여짐을 아는 단계가 상징계이고, 바라봄과 보여짐이 연결된 것이 실재계"라고 한다면, 나이 들어 과거의 나이트 쉐이드를 회상하는 주체는 자신을 동시에 바라보고 보여주는 실재계의 경험을 글쓰기를 통해 하는 셈이다. 나이트 쉐이드는 상징계의 잔여물로 애트우드의 경우 서랍 속에 간직해둔 묘안석(cat's eyemarble)과 하틀리의 경우 여름의 찌는 날씨와 조디액(황도대)처럼 상징계와 실재계를 메비우스의 띠처럼 이어주는 오브제 아(object a)의 역할을 수행해준다.

과학소설 작가 레이 브래드버리의 경우 민들레 와인은 과거와 현재, 욕망과 부재를 이어주는 역할을 해주는 오브제 아이다. 1957년 출판된 〈민들레 와인〉은 12살 주인공 더글러스 스폴딩이 겪는 1928년의 삶과 죽음이 강렬하게 대비되는 여름의 기억을 적는다. 그리고 그 해 여름의 특별한 경험에 대한 기록은 민들레 와인처럼 꺼내들면 언제나 돌아갈 수 있는 시공을 넘어서는 유동성을 제공해준다. 〈민들레 와인〉의 번역자는 이 소설의 중요성을 이렇게 강조한다. "이 소설 전체가 모든 것을 사라지게 만드는 흘러가는 시간이라는 거대한 존재 앞에서 상상의 힘으로 그 사라져 가는 순간들을 포착하고 되살리려는 노력이다. 작가는 과거 자체보다 더 충만해진 과거의 순간이며 겨울에 마시는 민들레 와인처럼 언제나 돌아갈 수 있는 기억의 지점인 찬란한 여름날을 성공적으로 형상화하고 있다. 이러한 분투는 결국 예술에 대한 은유이기도 하다. 브래드버리가 포착한 시간은 단지 멈춘 것이 아니고 새로운 시간으로 다시 태어나며 이것은 시간 그리고 죽음을 뛰어넘어 순간을 영원으로 만드는 예술의 힘을 보여주는 것이다. 손해와 이익만 앙상하게 남은 공리주의가 삶의 지배적인 양태가 된 현실 속에서도 그 너머에 황홀한 빛이 있음을 이야기로 혹은 그들의 삶으로 일깨워 주는…"

스팍스가 1999년 발표한 〈병 속의 편지〉도 〈노트북〉처럼 영화로 제작되어 성공하였는데 케빈 코스트너 외에도 폴 뉴먼이 주인공의 아버지로 오랜만에 영화에 출연하여 화제가 되기도 하였다. 이혼을 한지 얼마 되지 않은 싱글 마더이자 〈보스톤 타임즈〉의 편집 일을 하는 테레사 오스본은 아들 제이슨을 아이 아버지에게 보내놓은 상태에서 홀로 휴가를 보내기 위해 매사추세츠 주 케이프코드를 찾는다. 이른 아침의 해안가를 조깅하던 중 테레사는 편지가 들어간 병이 파도에 떠밀려 내려온 것을 발견하고 호기심으로 그 안의 메시지를 읽어본다. 메시지는 캐서린이라고 하는 여성에게 보내는 사랑과 애정을 가득 담아 손수 쓴 편지였고 테레사는 이에 관심을 갖고 편집실의 동료기자들에게 이를 보여주기도 하고, 그중 칼럼니스트 찰리는 "병 속의 편지"라는 제목으로 편지를 게재한 기사를 쓰기도 한다. 독자들은 의외로 이 기사에 뜨거운 반응을 보이고 그중 같은 병 속의 편지를 주웠다는 소식도 전해진다. 이혼한 여기자로서 편지의 저자의 진심어린 사랑에 관심을 느끼고 캐서린은 병속의 편지를 쓴 남성을 본격적으로 찾아 나서게 되고 마침내 노스캐롤라이나주의 해안가 어느 작은 마을에서 편지의 작가 개럿을 찾는다. 개럿은 사랑하는 아내 캐서린을 2년 전에 잃고 상심하여 아버지 제드와 함께 살고 있다가 캐서린을 만나 조금씩 다시 마음을 열기 시작한다. 개럿은 캐서린이 일하는 시카고에도 방문하게 되고 어느 날 테리사의 방에서 자신이 죽은 아내를 그리워하며 쓴 병 속의 편지를 우연히 찾아내어 테레사의 순수하지 않은 자신에 대한 의도를 의심하며 캐서린을 떠난다. 그렇게 소식이 끊어진 지 일 년 후 제드가 테레사를 찾아온다. 그는 자신의 아들 개럿이 표류하던 누군가를 구하려다가 풍랑 속에서 죽었다는 소식과 함께 그가 남긴 병속의 편지를 전

한다. 테레사는 병속의 편지가 그가 항해를 떠나기 전날 밤에 자신의 죽은 아내에게 자신이 새로운 사랑을 찾게 되었으니 용서를 구한다는 편지임을 읽고 눈물을 흘린다.

170만부 이상 원작소설로 팔려 이미 잘 알려진 상태에서 만들어진 영화는 "단 한사람을 일생 계속 사랑한다"라는 주제를 잘 강조하여 호응을 얻었는데, 이는 가정이 해체되고 붕괴되는 경우가 많은 현대에 있어서는 다소 시대착오라고 여겨질 정도로 한결같고 성실한 사랑의 모습이 오히려 돋보였기 때문이라고 할 수 있다. 이 작품의 아이러니는 이혼으로 사랑에 대한 불신을 갖게 된 여성이 죽은 뒤에도 변치 않는 사랑을 보여주는 남자의 사랑의 한결같음과 강렬함에 감동하였다가 그 남자가 죽음을 초월하는 성실한 사랑을 배신해야 비로소 그와 자신의 새로운 사랑이 싹트게 된다는 점에 있다. 수천 킬로 떨어진 바다 저편에서 보낸 병 속의 사랑의 편지가 다른 먼 곳의 사람에게 도달하여 또 다른 사랑을 키워간다는 소재 또한 이 작품이 주는 매력중의 하나이다. 앞서의 작품처럼 병 속의 편지는 예술이 주는 역할에 대한 은유이기도 하다. 작가들은 자신의 일생의 은밀하고 소중한 체험을 병 속의 편지처럼 적어 누가 될지 알 수도 없는 독자들에게 띄워 보내는 것이다. 작가의 병 속의 메시지는 소설 속의 테레사처럼 종종 우리의 삶에 변화를 주어 현실을 치유해 나가는 행동을 취하게 된다. 작가가 전해준 하나의 짧은 메시지 속에서 우리는 따뜻한 타자의 얼굴을 떠올린다. 가슴이 훈훈해지면서 우리의 칙칙하고 건조한 삶은 갑자기 조금씩 빛이 나고 그 작가가 전해 준 비전을 통해 우리는 우리가 원하던 삶의 욕망과 갈증을 조금씩이나마 해소해 나간다. 가슴이 따뜻한 메시지를 우리에게 건네주던 작가의 새로운 책을 우리는 또 다르게 펼쳐질 새로운 세계에 대한 기대와 설렘으로 기다리며 쓰기와 읽기의 이러한 반복되는 과정을 통해 그만큼 더 커진 사랑과 사유의 크기를 확인한다.

스팍스의 〈워크 투 리멤버〉는 1999년에 출간되었고 역시 영화로 제작되었다. 1958년 노스캐롤라이나주의 한 고등학교에서 경박하지만 호인형의 랜든은 전학생의 신고식을 강요하다가 부상을 입힌 벌로 크리스마스 연극에서 주역을 연기하는 처지가 된다. 연극에서의 상대 역할은 마을에서 가장 유명한 우등생 여학생인 제이미로 그녀는 마을 교회 목사의 딸로 매우 종교적이고 보수적이다. 랜든은 연극 대사를 외우는 데에 어려움을 겪고 제이미에게 도움을 요청한다. 제이미는 랜든이 그녀와 사랑에 빠지지 않을 것을 약속한다는 조건하에 그의 요구조건을 승낙한다고 답한다. 랜든과 제이미는 방과 후에 그녀의 집에서 함께 연습하기 시작하게 되고 그들은 함께 많은 시간을 보내면서 점차 가까워진다. 랜든은 제이미가 그녀 자신이 좋아하지 않는 사람과 사귀기, 문신 새기기, 망원경 만들기 등을 포함한 그녀의 소원목록을 알게 되나 그녀가 가장 원하는 것이 무엇인지에 대해서는 알지 못해 궁금해한다. 제이미는 랜든의 과시적이고 무분별한 성격 때문에 몇 차례 그를 멀리하게 되기도 하나 랜든의 친구들이 제이미에게 악의적 장난을 할 때 제이미를 도와주고 그녀에게 자신의 진심을 얘기하면서부터 서로 호의를 갖고 교제를 갖기 시작한다. 랜든은 제이미를 자동차로 바래다주며 저녁식사에 초대하게 되나 제이미는 자신은 데이트를 하려면 아버지의 허가가 있어야 한다고 말하고 랜든은 교회에서 제이미의 아버지를 만나 동의를 얻어낸다. 랜든은 데이트 중에 제이미의 소망목록을 실현시켜주면서 그녀의 최고 소원은 그녀가 그녀의 부모들이 결혼하였던 교회에서 결혼하는 것이라는 것을 알게 된다.

그들의 관계가 점차 발전하게 되자 제이미는 결국 랜든에게 자신이 백혈병에 걸려있는 상태임을 처음으로 밝힌다. 병은 악화되어 제이미는 쓰러져 병원에 입원하게 되나 랜든은 더욱 극진하게 그녀를 돌보며 망원경을 만드는 것을 포함하여 제이미의 소망목록이 계속 실현되도록 돕는다. 제이미의 아버지 또한 자신의 딸이 바라는 것을 해주려는 랜든의 노력에 동참한다. 제이미가 망원경을 통하여 혜성을 본 후에 랜든은 결혼을 제안하고 그들은 그녀의 부모들이 결혼하였던 교회에서 결혼하게 되고 결혼식을 통해 랜든은 제이미의 모든 소망 사항을 완성하게 되나 제이미는 결혼식 수개월 후에 죽음을 맞는다.

그리고 4년 후 랜든은 제이미의 아버지를 방문하여 자신이 대학을 졸업하고 의학전문대학원에 입학하게 되었음을 알리며 제이미의 아버지에게 제이미가 자신에게 주었던 책을 돌려주며 그녀가 죽기 전에 기적을 목격하지 못한 것이 유감이라고 말한다. 제이미의 아버지는 랜든의 제이미에 대한 사랑은 "볼 수 없지만, 그러나 느낄 수 있는" 바람과 같은 것으로 그의 사랑이 바로 기적이었다고 말해준다.

스팍스에게는 가족 중 여자 동생이 한명 있었지만 2000년에 암으로 사망했다고 하는데 스팍스는 〈워크 투 리멤버〉의 주요 등장 인물이 죽은 여동생을 모델로 하고 있음을 밝힌 바 있다. "진부한 설정이었지만 진부하지 않았다"라는 평이 자주 나오듯이 이 소설과 영화는 가톨릭 가정에서 자란 작가의 종교적인 믿음이 "지금 동시에 두 곳에 있다"는 소설 속, 제이미의 소망목록으로 나타나고 죽음이 사랑의 끝이 아님을 잘 보여준다. "소녀와 죽음"이라는 주제는 슈베르트의 잘 알려진 고전 음악에서도 소녀가 "저리 가라, 거친 죽음이여. 나는 아직 젊다. 저리가라. 나를 만지지 말고"라고 말함에도 불구하고, 죽음은 "손을 좀 주렴. 아름답고 순진한 아가씨여, 나는 너의 친구야. 네게 벌을 주러 온 것이 아니다. 나는 난폭하지 않아. 내 팔에서 편히 잠들게 해주지"

라고 하며 소녀를 죽음으로 이끌어 간다. "어떤 종류의 사랑이건 인간이 사랑 없이 산다는 건 불가능해. 그러니까 사랑할 수 있게 하기 위해 인간에게 영혼이 주어진 게지"라고 러시아의 문호 막심고리끼 역시 〈소녀와 죽음〉이라는 단편집에서 말한다. 죽음 앞에서 인간은 한없이 초라한 존재이지만, 특히 인간의 삶에서 가장 아름다운 한 순간이라고 여겨지는 소녀가 마주하는 필연적인 죽음은 삶의 허망함과 동시에 숭고함을 느끼게 하는 아이러니를 독자에게 준다. 두려움과 공포가 가득한 죽음이라는 미지의 영역은 오히려 소녀의 아름다움과 순수함과 열정을 통해 무력화되고 소녀의 죽음은 노인의 죽음과 달리 결코 초라하지 않은 인간의 죽음의 초월성을 살아남은 주변의 영혼에 각인시키며 오히려 삶에 대한 뜨거운 의욕과 상승의 불꽃을 지펴 타오르게 한다.

또한 조지 엘리엇의 〈플로스 강의 물방아간〉에서처럼 홍수 속에서 같이 죽음을 맞이하는 매기와 톰의 경우나 테네시 윌리엄스의 〈유리 동물원〉에서 현실과 괴리된 유리벽 속에서 서로 의지하고 사는 톰과 로라 두 남매의 서로에 대한 깊은 사랑과 연민에서처럼 형제간이나 남매간의 우애와 사랑은 변덕스럽고 애증이 뒤섞인 남녀 간의 육욕적인 애정과 대비되어 변함없이 관심과 배려가 지속되면서 삶을 풍요롭게 해주며 남녀 간의 연애에서 결핍되기 쉬운 아가페적인 부분을 보완 해주는 역할을 하고 있는 것을 볼 수 있다.

2002년 발표된 작품으로 다이안 레인과 리차드 기어가 주연한 영화로 더 잘 알려지게 〈로댄드에서의 밤〉 또한 사랑과 죽음을 주제로 한다. 에이드리언은 충실하지 못한 남편과 반항적 사춘기의 딸과의 일로 일상의 생활에 심신이 지친 상태에서 휴식을 취할 겸 로댄드라고 하는 해변의 작은 마을에 있는 친구의 별장에 숙박 일을 도우러 온다. 그러나 휴양지에는 큰 폭풍우가 찾아오고 별장을 찾은 유일한 남자 손님인 폴과 함께 폭풍우를 막아내야만 하는 상황이 된다. 외과의사인 폴 역시 자신의 환자가 불가피한 의료사고로 죽은 문제 때문에 신경이 곤두선 가운데 에이드리언처럼 생각하는 시간을 갖고자 이곳을 찾았으나 갑작스런 허리케인 때문에 결국 에이드리언과 함께 집안 파손을 막아내느라 온갖 노력을 다하게 된다. 그러던 중 그들 둘은 서로에게 강한 끌림을 느끼기 시작한다.

그러나 서로 마음의 상처를 보듬어주며 새로이 삶에 대한 애정을 느끼게 해주는 이 둘의 사랑은 오래가지 못한다. 폴이 자신이 행한 수술의 당사자 가족에게 환자의 죽음이 자신의 과오로 인한 것이 아니었음을 잘 설득하고 또 죽은 환자에 대한 의사로서의 연민을 보여줌으로써 환자 가족과의 갈등을 해결하면서 해피엔딩으로 끝나는가 싶던 소설은 폴이 남미에 의료봉사를 간 아들을 찾아간 뒤 돌연 죽음을 맞이하면서 슬픈 종결을 맞는다. 그러나 다시 혼자만의 갈등과 상념에 젖어들어가는 에이드리언에게서 독자들은 더 이상 자기에게만 집착하지 않고 이미 세상에서 사라진 타인을 그리워하고 안타까워하는 모습에서 세상과 타인에 대해 포용적이 되고 따스하게 변해진 성숙한 인간의 모습을 찾을 수 있다. 즉, 인간은 사랑을 통해 죽음의 상실감을 더 크게 느끼고 또 이를 인내하는 과정에서 인간의 한계에 의연해지는 법을 깨우치며 인간존재에 대한 존엄성과 자유를 얻는다고 할 수 있다. 예술 작품은 이러한 사랑에 뒤따르는 고통과 상실에 대한 애도이며, 이러한 죽음과 대비를 이루는 일회적인 삶의 재창조 과정을 통해 예술은 인간에게 더 의미 있는 미래를 찾아가도록 도와준다고 할 수 있다. 비극이 주는 카타르시스의 힘은 상실의 고통에 맞설 수 있는 용기와 힘을 불어넣어준다.

2006년 소설 〈디어 존〉 역시 소설이 영화로 제작 되었다. 이라크 전쟁, 코소보 전쟁 그리고 9/11 테러까지 암시하는 배경을 갖고 쓰인 이 소설은 2주간의 휴가를 맞아 고향을 찾아 지내던 중 해비타트 활동을

하는 노스캐롤라이나 대학에 다니는 여대생 서배너를 만나 사랑에 빠진 군인 존의 이야기이다. "디어 존"이라는 제목이 암시하듯 소설은 편지형식을 취하게 되는데 그것은 갑작스런 무역센터의 테러사태로 특수부대에서의 군임무를 계속 수행하길 택한 존이 이국에서 서배너와 편지를 통해 서로의 사랑을 확인해가기 때문이다. 그러나 그러던 어느 날 존은 서배너로 부터 자신은 다른 사랑하는 사람과 결혼을 하게 될 것이라는 갑작스런 이별의 편지를 전해 받는다. 배신의 고통 속에서 지내던 존은 전쟁의 참혹함을 또한 경험하고 동료의 죽음도 목격한다. 설상가상으로 병적 증상으로 외골수였지만 그에게는 극진했던 아버지가 자신이 아끼던 값비싼 동전 컬렉션을 남기고 죽는다. 아버지의 장례를 위해 다시 고향을 찾은 존은 서배너가 어릴 적부터 그녀를 돌봐주며 헌신적으로 사랑했던 팀과 결혼하고 자폐증에 걸린 어린 남동생 앨런도 같이 보살피며 생활하고 있는 것을 알게 된다. 그러나 팀은 흑색종이라는 피부암에 이미 걸려있는 상태이고 존은 팀의 치료와 남동생의 부양으로 서배너가 큰 고통을 겪고 있는 것을 알게 된다. 그는 아낌없이 자신의 아버지가 남겨준 유산인 희귀 동전컬렉션을 팔아 팀의 치료에 보태고 자신은 다시 전쟁터로 귀환한다. 귀대를 앞두고 마지막으로 서배너를 찾은 존은 멀리서 만월을 지켜보는 그녀의 모습을 바라보는데, 독자들은 그러한 그녀의 모습 속에서 존에 대한 그녀의 애정은 여전히 가슴 속에 남아 있음을 짐작한다. 가장 젊은 시절 순수한 사랑을 느낀 두 남녀가 결국 전쟁과 질병 등의 이유로 이별하게 되는 모습을 보게 되면서 "첫사랑은 가슴에 묻는다"는 통념을 떠올리게 하는 작품이다. 이와 비슷한 주제로서 주드 로와 니콜 키드먼이 주연한 영화로도 잘 알려진 찰스 프레이저의 1997년 소설 〈콜드 마운틴〉 역시 남군 부상 병사인 인맨이 고향 콜드 마운틴에 두고 온 사랑하는 여인인 아이다를 만나기 위해 온갖 고초를 무릅쓴다. 서로 잠시 만나기만 했지만 참을 수 없이 깊어진 첫사랑은 두 연인을 결국 만남으로 이끌지만 인맨은 탈영병을 수색하는 지방 의용군의 17살 소년에 의해 비극적인 죽음을 맞는다. 이디스 워튼의 〈순수의 시대〉에서 그러하였던 것처럼 많은 첫사랑의 강렬한 추억은 현실과 쉽게 용해되지 않고 영원히 순수한 청춘의 정지된 시간이 영원히 간직되어지는 추억으로 처리되어진다.

〈라스트 송〉은 2009년 발표되자마자 그해에 곧 영화로 제작되어 인기를 모은 작품으로 역시 사랑하는 사람의 죽음의 고통과 비극성을 한편으로 강조하여 카타르시스의 승화된 미학을 잘 보여주면서도 동시에 사랑으로 기쁨과 행복을 찾아가는 청춘남녀를 그린 작품이다. 로니 밀러는 뉴욕에서 자란 개성이 강한 17세 소녀로 그녀의 10살 된 남동생 조나와 고교 졸업 후의 여름을 보내기 위하여 엄마와 3년 전 이혼한 아버지 스티브가 살고 있는 노스캐롤라이나 라이트스빌 해변을 찾는다. 스티브는 한 때 줄리아드 음대 교수이기도 하였지만 이제는 음악보다 교회의 스테인드글라스 제작 일에 종사하고 있다. 로니는 아버지의 이혼 이후 아버지와 거의 대화를 하지 않고 스스로 고립하여 마음을 닫은 채 펑크스타일의 반항적인 생활방식을 취하고 있다. 로니는 해변을 우연히 지나다가 자기 또래의 인기 있는 소년 윌 블레이크리가 쳐낸 배구공에 맞은 것을 계기로 그와 알게 되어 점차 사귀게 된다. 로니는 또한 블레이즈라고 하는 소녀와 그녀와 같이 불꽃 저글링을 하는 다른 3명의 남자친구들과도 어울리게 된다. 아버지가 알려준 해변가의 거북알을 지키는 일을 수족관에서 시간제로 일하는 윌이 거들면서 로니와 윌은 점차 가까와지나 윌의 친구들, 블레이즈와 다른 남자 친구들과의 관계가 교회 방화사건과 배구 경기연습, 삼각관계에 대한 오해 등이 동시에 얽히면서 이들 젊은이들 간에는 주먹다툼도 생기고 질시에 의한 배반과 부상 등이 연이어 생기기도 한다. 그러던 어느 날 로니의 아버지 스티브가 객혈을 하면서 스티브는 자신이 위암에 걸려 남은 생애가 몇 달 뿐이 없음을 밝힌다. 아버지를 닮아 피아노에 천부적 재능을 보였지만 반항적인 마음으로 음악을 포기하였던 로니는 아픈 아버지가 남긴 작곡을 몰래 마무리하면서 마침내는 자신과 화해한 친구 블레이즈의 도움으로 아버지가 운명하던 날에 아버지가 작곡한 작품을 연주한다. 윌은 화재가 난 교회에 기부금을 내어 재건을 하도록 하나 밴더빌트 대학의 입학을 위해 로니를 떠나게 된다. 로니는 아버지의 장례를 치룬 후 뉴욕에서 줄리어드 음대 입학시험을 치뤄 입학이 예정된다. 또한 윌이 갑작스럽게 뉴욕의 로니를 방문한다. 그는 자신이 그녀와 함께 하기 위해 학교를 콜럼비아 대학으로 옮겼음을 말하면서 로니에게 그녀를 처음 만나서부터 지금까지 간직해왔던 자신의 사랑을 고백한다. 작가 니콜라스 스팍스는 이에 대해 "먼저 불화를 다루고 그리고 부모와 자식 간의 사랑을 다루면서 그 사랑이 우리 가슴을 아프게 하면서 동시에 치유하는" 작품임을 밝힌 바 있는데 이러한 주제를 함축한 제목에서 말하는 '라스트 송'은 임종의 자리에 있는 아빠를 위한 딸의 마지막 사랑과 애정의 표현임을 알 수 있다. 바람이 "볼 수 없지만, 그러나 느낄 수 있는" 사랑을 전하는 매체로 앞서 비견된

것처럼 이 작품에서는 죽음을 앞둔 아빠 스티브가 어린 아들 조나에게 "아빠랑 만든 창문을 통해 빛이 비추면 그것이 바로 아빠란다"라고 하는 말로 사랑은 보이지 않으나 계속 따스하게 비추어지고 있음을 말해준다. 부모님들이 먼저 세상을 떠나 한 구석이 텅 빈 삶을 살아가는 자식들에게 죽어가는 아빠가 전해주는 이 한마디는 죽음으로 우리가 단지 사랑하는 사람을 떠나보내어 단절되고 고립되는 것이 아니라 그 애도를 통해 한결같았던 은은한 사랑을 기억하며 우리에게 또 다른 사랑을 키워 가꿔가며 자식들에게 그런 아낌없는 사랑을 나누어주는 존재가 되어야 함을 일깨워준다.

끝맺으며

니콜라스 스팍스의 올해 9월 출간된 가장 최근 작품인 16번째 소설 〈세이프 헤븐〉은 케이티라는 한 아름답지만 세상에 마음을 닫은 여인이 점차 주변의 사랑에 마음을 열어가는 과정을 그리며 오직 "사랑"만이 안전한 천국으로 인도할 수 있음을 보여주고 있다고 한다. 국내에 이미 번역서가 나오고 헐리우드 영화로도 제작이 되고 있는 니콜라스 스팍스의 2008년 작품 〈럭키 원〉에서도 우연히 바닷가에서 찾은 사진 속의 여인 엘리자베스가 계속 해병대원 주인공 로건 타이볼트에게 이라크 전에서 세 번의 죽음을 피하게 하고 제대 후에는 호숫가 낚시중의 보트사고에서 친구 빅터는 죽지만 자신을 살리는 행운을 가져왔다고 주인공에게 믿게 만드는 것도 같은 맥락이다.

서두에서 언급한 것처럼 니콜라스 스팍스는 혼돈과 해체가 강조되는 포스트모던 시대에 보기 드물게 전통적인 가족의 모습에 주목하며 사랑의 중요성을 강조한다. 작가 자신이 보수적인 가톨릭 가정에서 사랑을 듬뿍 받고 자라나 사랑하는 여인과 결혼하여 다섯 자녀를 낳아 기르면서 행복한 가정생활을 꾸려가는 것을 고려해보면 당연한 설정이기도 하다. 그는 자신이 겪은 인생의 가장 큰 시련을 자신의 셋째 아들이 태어나던 2000년에 자신의 여동생이 동시에 암에 걸려 시한부 삶을 몇 개월 밖에 살 수 없을 때 수개월 동안을 매달 일정 기간을 여동생 병문안을 위해 비행기로 노스캐롤라이나에서 여동생이 거주하던 플로리다로 왕복하면서 삶과 죽음을 동시에 체험하던 때와 자신의 사랑하던 부모님이 돌아가셨을 때를 꼽는다. 그러나 그는 사랑하던 가족들의 죽음은 자신의 소설의 영감의 원천이 되고 있음을 또한 언급한다. 그의 소설에서 우리는 사랑하는 사람들에 대한 작가의 깊은 애정을 곳곳에서 확인한다. 그의 2001년 작품〈길모퉁이〉도 아이들을 혼자 키우는 싱글 대디인 그의 삼촌을 모델로 하였다고 한다. 그런가하면 그의 죽은 아버지는 〈병속의 편지〉의 주인공 개럿으로 환생하고 있다. 〈구조〉라는 소설도 실제 그의 아내와 아들을 주인공의 모델로 삼았다고 하고 〈노트북〉에서 동시에 아름다운 노년의 죽음을 맞는 것도 실제 그가 가까이서 지켜 본 부부인 아내의 조부모를 모델로 하고 있다.

니콜라스 스팍스는 그의 소설 중 일부가 이미 고전적 문학작품의 해설서 역할을 하는 클리프노트에 수록되기도 하여 단지 대중적 인기만을 추구하는 작가가 아니라 앞으로 학교 등의 문학수업에서도 중요한 연구대상이 되는 수준 높은 좋은 작품을 동시에 쓰며, 많은 비평가나 연구자의 관심을 끄는 진지한 작가이기도 하다. 내용적으로 난해하고 형식적으로 실험적인 작품이 난무하고 사랑과 믿음의 가치보다 파편화와 혼종이 강조되는 포스트모던 시대에 그는 아직 40대 중반의 한창의 나이에 다소 보수적으로 보이는 모더니즘적인 리얼리티의 통합과 균형의 가치로의 회귀를 주장하는 것처럼 보인다. 그러나 니콜라스 스팍스의 작품은 포스트모던적이 아닌 것처럼 또한 이성에 입각하여 몰개성적인 매슈아놀드나 엘리엇적인 차가운 모더니즘은 더욱 아니다. 오히려 그의 작품은 월터 페이퍼와 유사하게 주관성에 입각하여 풍부한 감성을 강조하는 뜨거운 모더니스트라고 할 수 있을 것이다. 니콜라스의 작품 속에서 2000년대를 살아가는 디오니소스적 제임스 조이스의 분신을 보는 듯 느끼는 것은 단지 나만은 아닐 것이다. 그의 노스캐롤라이나 소설에서 나는 조이스의 더블린 해변가를 떠올리며 어떤 소녀가 갑자기 주인공에게 나타나 사랑의 현현을 제공하며 어떤 블룸스 데이 아니 어떤 디어존스 데이, 노아스 데이의 주이상쓰를 얼마나 많은 독자들에게 앞으로 계속 선사해줄 것인지 궁금해진다.

일본

실연과 여행

— 가와바타 야스나리(川端康成) 「이즈의 귀로」

김 일 도

1

가와바타 야스나리

가와바타 야스나리(川端康成, 1899~1972)는 연이은 육친들의 죽음으로 고아감정과 첫사랑과의 파혼으로 좌절이라는 상실감을 경험하였는데, 이것은 작품 속에서 모티브로 작용하고 어떠한 형태로든 표출되고 있다. 특히 첫사랑과의 결혼 약속은 어린 시절의 상실감을 보상받을 수 있는 기회였으나, 약혼이 파기되면서 또 한 번의 시련을 경험하게 된다. '사모의 정은 무엇보다 좋은 생명의 그물'이라고 사랑과 생명을 동일하게 여겼던 그가 사랑을 잃었다는 것은 생명을 잃은 것이나 다름없었다. 왜냐하면, 그것은 자신을 구제해 줄 수 있는 대상을 상실했다는 의미와도 같기 때문이다. 사랑의 좌절로 작품 속에서는

가와바타 야스나리와 이토 하츠요

사랑을 이루기 위한 여러 형태의 표출이 보여지고 있다. 가령 작품 속 잠재된 여성상은 약혼 당시 16세였던 소녀 이토하쓰요(伊藤ハツヨ)의 모습으로 그려지는 점이 그것이다.

그 모습은 아름답고 이상적 소녀상으로 그려지는 경우가 있고 애환과 슬픔을 지닌 운명의 여성상으로 그려지는 경우도 있다. 이와 함께 상실감에서 벗어나고자 하는 해결방안 또한 내재하고 있다. 예로 「이즈의 귀로」 속의 여행 역시 그 상실감에서 벗어나고자 하는 방안의 하나로 나타난 것이라 하겠다. 이러한 성향을 두고 '고아 체험을 통하여 연속적으로 끌려 나오는 것의 하나로 정신적, 육체적 여행자의 이미지와 방황하는 사람'으로 가와바타의 이미지를 하야시 타케시(林武志)는 말하고 있다. 이것은 그의 일상에서 여행의 비중이 크다는 것을 의미하며, 문학에 끼치는 영향력 또한 지대함을 시사한다 하겠다.

작품의 이야기는, 주인공 〈그(彼)〉는 무언가를 잊기 위해 여행을 떠난다. 기차 안은 무언가를 잊기에 가장 적합한 장소로 〈기차 안에서 잊는 연인〉이란 말을 스스로 만들어 낼 정도였다. 그런 그에게도 잊혀지지 않는 존재가 있었는데, 그것은 결혼을 약속했던 리카코였다. 그리고 이즈(伊豆)에서 동경으로 돌아가는 기차 안에서 온천장의 여인과 이상한 이별을 떠올릴 때 리카코를 보게 된다. 그녀를 보고 있을 때 고통스러운 표정이 스쳐 지나간다. 부담감과 괴로움으로 자리에서 일어난 그녀는 객실 밖으로 몸을 피한다. 뒤를 따라가 봤지만 모습은 보이지 않고 '다음 사람이 기다릴 수 있으니 서둘러 주세요(Be quick as anothers may be waiting)' 라는 글만이 〈그〉를 기다리고 있었다는 식으로 전개되며, 그 모티브는 실연에 있다.

「이즈의 귀로」는 1926년 6월에 『부인공론(婦人公論)』에 「실연(を失ふ)」이라는 제목으로 발표된 것으로 이즈 여행에서 동경으로 상경할 때 기차 안에서의 경험으로, 「入京日記」에 기록된 바와 같이 『문예시대』 합평회에 참석하고자 가는 도중 첫사랑 이토 하쓰요를 만난 체험을 소재로 하여 쓰여진 작품이다. 「불(南方の火)」을 비롯하여 「비상(非常)」·「싸락눈(霰)」·「寫眞」·「양지(日向)」·「약한 그릇(弱き器)」·「불로 가는 그녀(火に行く彼女)」·「우산(雨傘)」·「이중의 실연(二重の失)」등이 있는데, 이 중 「이중의 실연」은 「이즈의 귀로」

이즈반도

와 동일한 작품이라 할 수 있는데, 「이즈의 귀로」가 분량에 있어서도 많고 문체와 어구에 있어서 공통되는 부분이 눈에 뜨이기도 하지만, 여자 주인공의 이름이 〈리카코〉가 아니라 〈하쓰코〉로 되어 있는 「이중의 실연」과 다른 점도 보인다.

이렇듯 가와바타는 생활 속 체험을 다양한 각도에서 각색하여 표현한 작가인 만큼, 실연이 작품에 어떻게 투영되었는가를 살펴가며 감상하는 것도 흥미로울 것이다.

2

가와바타는 동경제국대학(東京帝國大學) 문학부 재학 중에 홍고(本)의 어느 카페에서 이토 하츠요와 결혼을 약속했다. 하지만 그녀의 갑작스러운 심정 변화로 일방적으로 약속은 파기되었다. 그 때 실연의 심정을 '운명의 끈이여, 결국은 끊어졌는가. 하지만 나의 마음속에 계속 살아 있는 그녀를 어찌 지울 수가 있을까'라고 「獨影自命」에서 가와바타는 쓰고 있다. 그 만큼 첫사랑의 순정은 마음 속 깊이 자리하고 있었을 것이며, 마음의 상처 역시 깊었음은 자명했을 것이다. 이같은 실연의 상처를 비롯하여 육친들의 연이은 죽음에 따른 고아 의식은 가와바타에게 현실의 상실감으로 작용하고 있다. 그리고 이 상실감에서 벗어나기 위해서 고아 의식을 극복하고 결혼하여 가족에 둘러싸여야 충족되리라는 생각을 항상 하고 있었다. 이들은 작품 내 주인공들을 통해 잘 보여지는데, 죽음의 공포와 고아 의식 그리고 좌절감 등이 잘 나타나 있다. 동시에 그 좌절감으로부터 벗어나려는 의지로서 여러 방법을 모색하는 모습 또한 보이고 있다. 가령 『산 소리(山の音)』에서는 과거 이루지 못한 사랑을 꿈을 통해 충족하고 현실의 자기를 자각하여 현실을 수용하는 모습을 그리고 있다. 『잠자는 미녀(眠れる美女)』와

「눈(雪)」에서는 현실 생활에 있어 상실의 세계를 부정하고 비현실을 추구하여, 그 속에서 자신의 삶을 확인하는 자기 인식의 한 형태도 볼 수 있다. 그리고 현실을 벗어난 곳에 존재하는 꿈의 세계로의 여행을 통해 정신의 회복을 그린 『설국(雪)』과 타인과의 관계 회복에 두고 혼의 정화를 그린 여행소설 『이즈의 무희(伊豆の踊子)』와 같이 현실의 좌절감을 이기기 위한 극복 방법이 다양하게 나타나고 있다.

그렇다면, 「이즈의 귀로」의 주인공 〈그〉는 어떠한 좌절감이 있으며 그 좌절감에서 벗어나기 위해 어떠한 방법을 모색하는지 보기로 하자. 먼저, 현실의 좌절감을 알 수 있는 다음 장면을 옮겨 보기로 한다.

> 그와의 결혼 약속을 미친 사람 같기는 하지만, 너무나도 간단한 편지로 두 번이나 깬 이후, 〈중략〉 자신이 그녀를 원망하지도, 공격하지도, 미워하지도, 경멸하지도 않고 있다는 자신의 감정을 있는 그대로 그녀의 마음에 전해주고 싶었다.
>
> 17세가 된 해, 2월에 시골집에서 나와 동경으로 온 그녀는 어느 카페의 종업원이 되었다. 그 카페에서 그는 다시 생각하고 자신의 곁으로 와 달라고 그녀에게 부탁했다. 그녀는 입술과 눈썹과 코가 산산히 죽어 버려, 모공이 까칠하게 넓어진 표정을 짓고, 체취가 없는 여자처럼 고개를 숙이면서 이상한 추악함을 그에게 던지고 있었다. 그리고 말했다.
>
> "이제 나는 이렇게 되어버렸어요. 없는 사람이라 생각하고 잊어주세요."

가와바타가 경험한 좌절감이 주인공 〈그〉에게 그대로 옮겨 그려지고 있다. 리카코와의 결혼 약속은 밝고 행복한 생활과 청춘을 약속받은 것과 다름이 없는 기회였다. 그러나 이유모를 간단한 편지로 일방적 파혼을 맞이하면서 〈그〉는 좌절감에 휩싸이게 된다. 일방적 파혼이 있고 난 이듬해 그녀가 동경 어느 카페에 나타났다는 이야기를 듣고 만나러 갔다. 그러나 그녀는 〈그〉의 말을 거절할 뿐이었고, 다시 생각하고 자기의 곁으로 돌아와 달라고까지 부탁을 했으나 '이제 나는 이렇게 되어버렸어요. 없는 사람이라 생각하고 잊어 주세요'라며 없었던 사람이라 생각하고 잊어 달라는 거절의 표시와 함께, '당신의 눈에 띄지 않는 곳으로 가버리면 좋겠어요. 어딘가 모르는 곳으로 가버릴 생각입니다'라고 자취를 감추겠다는 위협까지 하기에 이른다. 이렇듯 그녀는 거친 표정과 위협 그리고 이상한 불쾌감을 그에게 던지며 거절을 표시하였다. 그리고 3일 후 그녀는 모습을 감추었다. 여기에서 거절 표시와 행방을 감췄다는 의미는 편지로 일방적 파혼을 알린 것에 이어 재차 실연이란 중압감을 〈그〉에게 안겨준 것이라 하겠다. 이러한 실연은 '누이의 장례식에서 고향으로 돌아갈 때'와 같이 육친의 죽음으로 인한 고독과 '무거운 과거'의 기억처럼 현실의 중압감으로 자리하게 되는데, 다음 글에서 그 심정을 읽을 수 있다.

> 그는 리카코를 얻을 수 없었기 때문에 자신의 생활이 아래로 기우는 것을 두려워하여, 1년 이상 줄곧 자신의 입술을 깨물며 어깨의 무게를 지고 있었던 것이다. 그리고 자기 마음 속의 아름답게 조화된 인생의 모습을 어지럽히지 않고 헤쳐 나간 것이다.

현실에서 리카코의 사랑을 얻을 수 없었다는 이유로 좌절의 두려움과 어깨의 무거운 중압감을 지니고 생활하였다 한다. 그렇다면 현실의 중압감을 안겨 준 좌절이란 무엇일까? '자신과 결혼하면 손도 아름답게 된다고 공상했다'는 심정과 같이, 그녀의 모습을 마음 속에 가득 채운 젊은 〈그〉에게도 결혼 약속은 행복한 생활과 밝은 청춘을 약속받은 기대감으로 가득했을 것이다. 그러나 일방적인 파혼 통보와 행방을 감춘 것은 첫사랑 순정의 기대감을 어두운 절망으로 전환시켜버린 것이리라. 즉 자신을 행복한 생활과 밝은 청춘으로 인도해 줄 대상의 상실을 의미할 것이다. 따라서 이 상실감은 일상의 권태 속에서의 고뇌와 함께 밝은 기분보다는 어두운 절망으로서 현실의 중압감을 〈그〉에게 안긴 것이다. 또한 구제 대상의 상실 이면에는 중압감을 벗고 생활의 두려움에서 벗어나 안정을 가져다 줄 수 있는 이상적인 방법을 모색하려는 의지 역시 저류하고 있음을 암시한다 하겠다.

3

'매일 정처 없이 무사태평한 여행을 하고 있자니, 몸도 마음도 깨끗이 씻기는 듯 합니다'라고 한 서간문에서 가와바타가 쓰고 있듯이, 여행은 몸과 마음을 정화하려는 의지에서 생겨난 것임을 보이고 있다. 이러한 맥락에서 주인공 〈그〉의 경우를 살펴보면, 마음에 슬픔이나 분노가 있을 때 기차를 탄다는 심정에서 현실의 중압감에서 벗어나기 위한 이상적인 방법 모색이 다름 아닌 여행임을 알 수 있는데, 다음 문장을 보면 그 기대감이 나타나고 있다.

> 줄곧 여행을 하고 있는 그에게는, 기차 안은 잊는 장소라는 것을 언제라고 할 것 없이 일종의 습관이 되어 있는 것이었다. 잊는다는 것보다도 생활의 현실감이 희미해져 버린다고 하는 것이 좋을지도 모른다. 특히, 기차를 타면 그는 무언가에 자신의 몸을 맡겨버린 듯한 기분이 되는 것이었다. 때문에 그는 마음에 슬픔이 있거나 분노가 있거나 하면 으레 기차를 탔다. 기차 바퀴의 진동이 몸으로 전해지는 것과 동시에, 그의 머리는 멍해지는 것이었다. 결국 기억이 둔해져 버리는 것이었다. 몸이 땅에서 떨어져 둥실둥실 풍경 위를 떠다니고 있다는 느낌과 함께 무거운 과거도 꿈과 같은 구름 위로 떠오르고 마는 것이었다. 그리고 가령 누이의 장례식에서 고향으로 돌아 올 때도 기차 안에서 그는 아름다운 꿈을 꾸고 있는 백치같은 표정을 지을 수 있었던 것이다.

누이의 장례식과 같이 마음의 슬픔이 감돈다든지 실연과 무거운 과거처럼 분노의 마음이 지배한다든지 하면 기차에 올라 여행을 떠난다. 그러면 꿈과 같이 구름 위로 떠올라 슬픔과 분노의 마음이 말끔히 씻긴다고 한다. 이것은 가와바타의 여행처럼 몸과 마음을 씻어 준다고 하는 맥락과 같이 생각할 수 있을 것이다. 이를 테면, 여행으로 슬픔과 분노의 마음을 씻어버릴 수 있다는 것을 의미하며, 슬픔과 분노로부터 몸과 마음을 정화하려는 의지에서 생겨난 방법이 여행이라는 것이다. 한편, 〈그〉는 사람을 미워하거나 증오하지 않는 성격의 소유자로 그려지고 있는데, 그런 〈그〉가 그녀의 장점만을 기억하기 위한 선택이 다름 아닌 여행이다. 이것은 고뇌에 찬 현실에서 벗어나 추억의 시간으로 가기 위한 것이기도 하다. 좌절에 대한 위로의 마음에서 현실감이 흐려지는 공상으로 들어간다는 의미에서의 여행인 것이다. 이러한 면들을 보여주는 것으로 다음 문장이 있다.

> 그는 그녀가 준 고통을 잊기 위해 몇 번이나 기차를 타고 여행을 떠난 일이 있었다. 그러나 그것은 그녀를 잊기 위해서가 아니라 기차 안에서 하얀 구름에 탄 듯이 현실감을 흐리게 하면서 그녀에 관한 아름다운 공상을 하기 위해서였다. 그녀가 그의 눈에 닿지 않는 세계로 사라져 가버려도 그는 그녀를 잃었다고 여기지 않고 오랜 인생 길 어딘가에서 다시 만날 것을 공상하는 남자였나. 〈중략〉 리카코가 어떠한 식으로 그와의 약속을 어겼다 하더라도 그는 언제까지나 그녀에 대한 좋은 느낌만을 간직하고 있었다.

〈그〉에게 기차는 무엇이든 잊는 장소로 존재한다. 마음의 슬픔과 실연, 무거운 과거와 분노의 마음을 잠재우기 위해 기차에 올라 여행을 하는 것이 결국 위로를 바라는 마음으로 나선 습관으로까지 자리하게 된 것이다. 이렇듯 여행은, 기차 안은 무엇이든 잊을 수 있는 장소라는 심정처럼 좌절에 대한 위로의 마음과 함께 슬픔과 분노를 잠재우기 위한 방법으로 나타난 것이며, 그것이 여행의 이유이기도 하다. 한

편으로, 슬픔과 분노를 잠재워 잊는다는 의지 이면에는 아름다운 공상을 통해 첫사랑의 순정을 망각하는 것이 아니라 좋은 느낌만을 생각하려는 의지 역시 있음을 알 수 있다. 여행은 모든 일상성으로부터 탈출을 의미하고, 습관적 일상적인 관계에서 벗어나는 것을 의미한다고 하야시 타케시는 설명하고 있다. 이와 같은 맥락에서 생각할 경우, 〈그〉가 기차를 타는 이유 역시 일방적으로 파혼을 통보한 그녀를 현실의 일상에서 벗어나 잊고자 하는 마음에서 비롯된 것으로 생각할 수 있겠다. 동시에, 그녀에 관한 아름다운 것만을 기억하여 〈기차 안에서도 잊혀지지 않는 연인〉으로 첫사랑의 순정을 공상하기 위함도 있다. 그리고 오랜 인생 길 어딘가에서 다시 만날 것이라는 재회의 기대감을 간직한 여행인 것이다. 이렇듯 공상에 따른 사랑의 환영은 그녀를 얻을 수 없었던 현실의 사랑보다도 아름답게 느끼게 하며, 〈그〉의 상념 속에서 아름다운 연인의 〈상〉을 만들어 내기도 한다.

한편, 방랑의 원인은 생존의 좌절에서 유래하고 절망을 원인으로 한다. 다시 말해 생존의 거점을 상실해서 새로운 거점을 찾으려는 것에 있다는 구보타 하레츠구의 지적이 있는데. 이에 따라 〈그〉의 여행을 생각하면 실연의 좌절을 원인으로 하고 현실의 일상에서 벗어나 새로운 거점을 확보하려는 의지에서 생겨난 것이라 하겠다. 이와 관련된 부분을 보면 아래와 같다.

> 자주 멀리 여행하는 그에게는 여러 바다와 산에서, 이 〈기차 안에서 잊는 연인〉이 생겼다. 하나의 땅에서 일생 헤어질 수 없는 듯한 애착을 느끼는 여자가 생긴다 해도, 자신은 이 땅을 기차로 여행하는 인간이다. 결국 기차에 오르는 것이다 라고 생각하니, 감정의 구제를 약속받은 듯한 기분이 들어 안심할 수 있었다. 그리고 자신은 헤어질 때를 아는 〈현명한 여행자〉라고 생각하고 있었다.

〈그〉의 여행은 자연스럽게 생겨난 습관으로 마음의 상처에서 벗어나려는 극복 의지의 표명이다. 실연이란 절망을 원인으로 시작하게 된 여행. 그 여행을 통해 새로운 거점으로 나타난 것이 여러 바다와 산으로 표현되는 토지이며, 이것은 상징적인 이미지로서 이즈를 의미한다. 그리고 이 이즈는 감정의 구제를 약속받은 곳이자 마음의 안정을 느낄 수 있는 토지이기도 하다. 그럼 이즈라는 토지는 〈그〉에게 어떠한 의미로 존재할까? '이즈는 여행으로의 출발점이었다. 아사쿠사는 그가 스스로 발견해 낸 고향이었다. 그리고 카루이자와는 얼어붙는 듯한 고독감이 발견해 낸 토지이다. 현실의 토지가 아니라 상징적인 토지'라는 지적과 같은 맥락에서 생각하면, 주인공 〈그〉가 여행하는 곳은 단순하고 일상적인 토지가 아니라 마음속에 가상으로 존재하는 고향과 같은 특별한 의미를 지닌 곳이라 할 수 있겠다. 여행으로 만들어진 토지. 그 토지는 일상적인 의식 혹은 공상 속에 존재하는 이상적인 장소이며 그녀에 대한 아름다운 추억을 간직하려는 곳이기도 하다. 〈그〉의 마음속에서 그녀에 대한 추억이 지배하고 현실에서 이루지 못한 사랑에 대한 소망 성취라는 의미에서 그녀와의 만남을 지속시켜 주는 토지이기도 하다. 이를 테면 누이의 장례같은 무거운 기억과 실연 등과 같은 일상의 잔혹한 시간에서 밝은 기분으로 인도하고 새로운 기운을 불어넣어 주는 환기구와 같은 곳, 꿈과 같은 평온함을 얻을 수 있는 토지인 것이다. 감정의 구제를 받을 수 있는 곳, 안심할 수 있는 곳으로 존재하는 토지, 그것이 바로 이즈인 것이다.

정리하자면, 〈그〉는 현실에서 벗어나 상념 속에 잊을 수 없는 연인으로서 리카코의 〈상〉을 설정하여 그녀의 아름다운 것만을 기억하기 위해 여행을 나선다. 그것은 괴로움에 빠져 있는 몸과 마음을 정화하려는 의지 이를 테면 감정 구제를 추구하는 의지로 생각할 수 있겠는데, 현실의 중압감을 벗고 마음의 안도감을 느낄 수 있는 여행인 것이다.

4

현실에서 그녀를 얻지 못했다는 이유로 〈그〉는 마음속에 가상의 연인을 만들었다. 그것이 바로 잊혀지지 않는 연인으로서 애착을 느꼈던 리카코였다. 그리고 실연 후 5년, 이즈에서 동경으로 돌아가는 기차 안에서 그녀를 보게 된다.

> 포동포동한 아름다운 손과 떠오르는 하얀 얼굴이 그의 눈에 물을 끼얹는 듯한 놀라움을 주었다. 그것들은 그의 리카코에 대한 기억을 배신하고 있었던 것이다. 그리고 그의 옛날 공상이 눈앞에서 실현되고 있는 것이었다.

〈그〉는 그녀를 꿈에 그리며 공상의 세계에 있었다 해도 좋을 것이다. 그만큼 시간의 흐름은 연인의 환영을 아름답게 장식해 주었던 것이다. 때문에 그녀가 불행으로 고생을 해도 안되며 그럴 리도 없다는 식으로 〈그〉는 생각해 왔다. 아름답고 행복하게 된 리카코의 모습이 항상 밝은 인상으로 〈그〉에게 보여졌어야만 했다. 이러한 이유로 이즈에서 동경으로 돌아가는 기차 안에서 그녀를 보았을 때, 포동포동하고 아름다운 손 그리고 하얀 얼굴을 보고 놀라움을 느끼게 된 것이다. 이것은 지속되었던 그녀에 대한 감정 즉 아름답고 행복해진 모습만을 공상해 온 바램이 이루어진 듯한 느낌을 갖게 하는 것이다. 이렇게 리카코를 마음에 두고 행복만을 기원하며 다닌 여행이기에 사랑을 잃었다 느끼지 않고 지금까지 마음속에 존재했던 것이다. 그래서 하얀 피부와 여유로운 생활의 색으로 물들여진 행복해진 그녀의 모습을 보고 〈그〉는 행복한 기쁨을 느꼈다. 이 기쁨이 말하는 것은 마음만으로 바라던 이를테면 자신과 결혼하면, 손도 고와지고 피부도 맑고 깨끗해진다는 바램이 이루어졌다는 의미와 다르지 않다. 그러나 행복해 보이는 외모와는 달리 그녀의 표정에는 고통이 응어리져 있었다. 〈그〉는 확실히 보았다.

> 그녀의 얼굴에는 고통만이 나타나 있는 것이다. 이 무익한 고통이 그를 격한 슬픔으로 가슴 저미게 했다. 손발이 없어 넘어져 버린 것 같이 되었다. 버렸던 연인이 버려진 연인을 볼 때는 이런 표정 밖에 지을 수 없을지도 모르겠다. 그것이 아름다운 여심일지도 모른다. 하지만 그는 그녀가 괴로워하는 것보다도 의기양양하게 그를 애처로워 해 주는 편이 차라리 좋았다. 그러면 자신의 생활을 잃지 않아도 될 것이다. 사랑을 잃지 않아도 될 것이다.
>
> "결국 리카코를 잃은 것인가."
>
> 그는 눈을 뜨고 있을 수가 없을 정도로 힘없이 중얼거렸다.
>
> 리카코가 다른 남자와 함께 살고 있다고 해도, 그녀는 지금까지 분명히 그의 안에 있었던 것이었다. 그것이 이상하게도 지금 사라져 가는 듯 했다. 그는 비로소 사랑을 잃은 초조함을 느꼈다. 깨져가는 꿈의 서운함을 느꼈다. 리카코가 괴로워해 주지 않는다면, 리카코가 괴로워해 주지만 않는다면 하고, 맥없이 쓰러질 듯한 기분으로 한 가지를 우두커니 생각하고 있으니 눈시울이 뜨거워졌다.
>
> "나는 일어서야만 해."

여유롭고 행복한 외모와는 달리 그녀에게는 고통만이 보였다. 이 고통은 〈그〉를 슬픔으로 가슴 저미게 했다. 그렇다면 여기 무익한 고통이 준 격한 슬픔이란 무엇일까? 공상 속에서 잊을 수 없는 연인으로 만남을 지속했기에, 그녀를 잃었다고 생각하지 않고 지금까지 왔었다. 그래서 기차 안에서 아름답고 행복해진 그녀의 모습을 보고 기뻐할 수 있었으며, 〈그〉의 바램 역시 실현되는 듯한 마음도 들었다. 그런데 그녀는 과거의 고통스러운 표정에는 변함이 없었다. '그녀는 양녀가 되어 들어간 시골집에서 물일 뿐만 아니라 벽칠하기까지 거들어 까칠까칠하게 거칠어진 손이 크게 비추는 것을 무서워했었다.'라는 사라지지 않은 과거 그녀의 모습과 전혀 변함없는 고통스러운 표정으로 현실의 리카코의 환영이 산산히 조각나게 된다. 그래서 '그녀의 성격이 파멸할 것 같은 위험'마저 느끼고, 생활의 피곤함과 고뇌의 모습을 호소하는 표정에서 꿈꾸었던 그녀의 〈상〉이 사라져 버린 것이다. 그 변함없는 고통의 표정으로 인해 첫사랑의 순정을 잃어버리는 기분으로 슬픔을 느낀 것이라 하겠다. '그녀가 고통스러운 표정 등을 짓지 않았다면 그녀의 행복을 솔직하게 기뻐할 수 있었는데 고통스러운 표정을 보였기 때문에 오히려 사랑을 잃은 기분이 들었다'라는 하토리 테츠야의 지적이 말해주듯, 사라지지 않은 과거의 고통스러운 표정으로 인해 마음 속 리카코의 모습이 사라지게 되는 것이다. 그녀의 얼굴에 드러난 고통의 표정으로 간절히 기원해 왔던 마음 속의 리카코와 현실의 리카코와의 괴리감을 느끼고서 마음 속 그녀를 놓아줌으로써 헤어질 때를 아는 현명한 여행자로서 지금 그대로의 현실을 응시하게 된다. 때문에 "결국 리카코를 잃은 것인가."하고 〈그〉는 중얼거리며 지금까지 마음 속에 있던 그녀가 사라지는 느낌을 갖는 것이다. 이것은 마음으로만 그려왔던 가상의 그녀와 결별함을 의미한다고 본다. 이른바 이중의 실연이라 할 수 있겠다. 때문에 사랑을 잃은 초조함과 깨져가는 꿈의 쓸쓸함을 느끼는 것인지도 모른다. 그리고 "나는 일어서야만 해."라는 다짐의 말을 되새기는데, 이것에 내재된 의미는 자기의 진정한 존재는 탈출이나 도피로 얻어지는 것이 아니라 극복을 통해 얻어진다는 것임을 시사한다 하겠다. 다시 말해 '결국 리카코를 잃은 것인가 (가상에서의 상실)'→ '깨져가는 꿈의 쓸쓸함 (현명한 여행자로서의 자각)'→ '나는 일어서야만 해 (현실의 인식)'이라는 인식 전환의 과정을 통하여, 심정의 변화가 공상에서 현실로 전환되어 가고 있음을 보여주고 있다. 헤어질 때를 아는 현명한 여행자로서 자신을 자각하는 심정의 변화를 나타낸 것처럼 말이다.

한편, 주인공은 외로움과 함께 했던 사람이었지만, 기차를 타면 잊혀진다든지 하는 말로 자신을 위로하고 있었다. 그 외로움에는 첫사랑의 실패라는 사건이 있다. 현실의 사랑이 이루어지지 않았기에 〈그〉는 마음속에 그녀를 간직하고 행복만을 빌었다. 바로 잊혀지지 않는 연인으로서 애착을 느꼈던 리카코였다. 그리고 이즈에서 동경으로 돌아가는 기차 안에서 리카코와 마주한다. 그녀는 부담감과 괴로움으로 자리에서 일어나 객실 밖으로 몸을 피한다. 그는 따라갔지만 모습은 보이지 않았고, 대신 그녀의 흔적인 듯한 화장실 세면대 위에 문구만이 기다리고 있었다. 이 글을 보고 집착해 왔던 리카코로부터 자유로워지는 계기를 맞이하게 되는데, 그 장면을 보기로 하자.

> 하얀 얼굴이 거울 속에서 새파랗게 질려가며 흐르듯 지나쳐 갔다. 리카코의 연지색 코트가 흔들리며 지나간 뒤, 하얀 도자기 세면대 위의 글자를 그는 소리 없는 세계와 같은 평온함으로 읽었다.
> "Be quick as anothers may be waiting."

흔들린 코트 뒤로 보이는 하얀 도자기 위에 쓰여진 글. 그것을 평온한 모습으로 읽는다. 〈그〉가 들어간 곳이 화장실이고 모두가 사용하는 공간이라 했을 때, 도자기 위에 쓰이진 글은 공공장소를 이용하는데 있어 다른 사람에게 폐가 되지 않도록 해달라는 의미일 것이다. 이를테면 '다음 사람이 기다리니 빨리 사용해 주세요'가 될 것이며, 이것은 일차적인 의미에 지나지 않을 것이다. 하지만 직접적으로 리카코가 남긴 메시지는 아니라 하더라도 그녀의 마음을 대변하는 글로 볼 수는 있을 것이다. 또한 그것은 그녀에게 가졌던 의문에 대한 해답이자, 〈그〉의 마음속에 흐르던 외로움의 원인에 대한 답이기도 할 것이다. 첫사랑의 실패 이후 가장 괴롭혔던 것이 '첫사랑의 연인을 좀 더 빨리 자신의 여자로 하지 못했을까 하는 통한의 념'이었다는 가와시마 이타루의 지적이 있는데, 이 맥락에서 볼 때, 이 문장은 중요한 순간에 망설이고 자신의 감정이나 표현에 인색한 것에 대한 충고의 메시지로 보아야 할 것이다. 즉, 사랑에 대해 소극적 태도로 한계성을 보여왔던 체념의 주인공 바로 〈그〉에게 주는, 다른 사람이 기다리고 있으니 사랑에 임할 때는 적극적으로라는 감정의 표현이자 사랑의 응답으로 여길 수 있다. 그리고 지나간 사랑에 더 이상 얽매이지 말고 기다릴지도 모르는 다른 사랑을 향해 가라는듯한 마음의 암시로도 파악할 수 있겠다. 따라서 그녀의 감정을 대신하는 글을 평온한 마음으로 읽었다는 것은 옛 연인에게 집착을 보여 왔던 자신을 해방시키고자 하는 심정일 것이다. 즉 '리카코와의 사랑은 끝났으니 이제 마음을 비우고 다음 사람에게 가세요.'라는 의미로 받아들여, '감정의 구제를 약속받은 듯한 마음이 들고 안심할 수 있었다'는 심정 변화를 제시하고 있는 것처럼 말이다.

결국, 가상 속에서 리카코를 설정하여 그만의 상을 만들어 내었지만, 현실에서 과거와 변함없는 고통스런 표정과 마주하면서 상념 속 그녀의 〈상〉이 소멸되고 만 것이다. 이 소멸은 가상에서 현실로의 귀환을 의미하는 것으로 생각할 수 있다. 그리고 현실로의 귀환은 감정 구제라는 인식 전환의 과정을 통하여 현실로의 안주를 제시하고 있음을 알 수 있다.

5

가와바타 야스나리는 사랑을 생명과 동일하게 생각했다. 그래서 그의 실연은 생명을 잃었다는 것과 다름없는 시련으로 다가왔을 것이다. 이것은 자신을 구제해 줄 수 있는 대상의 상실을 의미하고, 그 모습은 주인공 〈그〉에게 전해져 그려지고 있다.

〈그〉에게 여행은 비단 이런 괴로움과 멀어지는 것만을 의미하는 것은 아니다. 현실과 멀어지는 것, 다시 말해 비현실의 세계로 나아가는 것을 의미한다 하겠다. 일상생활에서 〈그〉를 조이는 문제들을 벗어 던지고 현실의 자기 자신으로부터 자유로워지는 방법이자 현실의 아픔을 치유하는 수단이 다름 아닌 여행으로 나타난 것이다. 이러한 극복 의지로서의 여행을 통해 가상세계를 구축하고 그 상념 속의 그녀를 설정하여 〈그〉만의 리카코상을 만들어 냈지만, 과거가 아닌 현실에서 그녀와의 재회에서 현실과 이상의 괴리감으로 상념 속 그녀의 〈상〉이 붕괴된다. 이것은 가상에서 현실로의 귀환을 의미한다고 보는데 가령, 상징적 의미의 이즈가 마음 속 가상의 토지라고 할 수 있다면 그 가상 속 토지에서 현실의 동경으로 돌아간다고 함은 일상생활로의 귀환을 의미함에 틀림이 없을 것이다. 그리고 현실로의 귀환은 감정의 구제라는 면에서 인식 전환의 결과로서 현실로의 안주를 제시한다 하겠다.

지금까지 자기의 진정한 존재는 탈출이나 도피로 얻어지는 것이 아니라 극복을 통해 얻어지는 것을 시사하고 있다. 여행의 일상은 현실의 일상에 있어 변형된 모습으로 나타나고 현실과 가상을 연결하는 주인공이 터득한 세계, 하나의 이상적인 토지로서 상징화되어 있다. 그리고 주인공에게 있어 인식의 전환은 자신과 동시에 현실에 대한 인식의 전환이기도 한 것이다. 또한 이것은 일상 극복의 원동력을 갖도록 하는 점도 암시하고 있는데 이러한 관점에서 본 작품을 생각할 때, 우울하고 감상적인 실연소설로 평가하기보다는 「이즈의 무희」와 같이 밝은 기분으로의 인식 전환을 통해 감정구제를 획득한 작품이 아닌가 한다. 결국, 육친들의 죽음과 실연이라는 고뇌에 가득한 상실의 경험으로 가와바타는 다른 사람이 죽음과 구제를 생각하지 않을 때에도 마음속에 위기감을 느껴야만 했기에 현실에서 치유할 수 없었던 위기감 구제에 대한 갈망을 문학을 통해 승화시킨 것은 아니었을까.

영국

대중소설 속의 사랑

김 중 현

1

영국의 대중 작가 바브라 카틀랜드(Barbara Cartland)는 연애소설의 대가다. 그녀의 소설들은 여러 언어로 번역되어 읽혀지고 있는 만큼 명실상부한 세계적 베스트셀러 작가다. 그녀는 소설을 보름에 한 권씩 출판할 정도로 풍성한 상상력의 소유자임과 동시에 기네스북에까지 오른 다작의 작가다. 저널리스트로 직업생활을 시작한 그녀는 1925년 한 순진한 여주인공이 탐욕이 넘쳐나는 런던으로 올라가 이리 같은 남성들의 유혹을 뿌리치고 마침내 한 미남 공작과 결혼을 성취한다는 줄거리의 첫 소설 『크랭크 톱(Jigsaw)』을 출판한다. 그 소설은 큰 성공을 거둔다. 그리하여 일약 '명석한 젊은 작가 그룹'에 끼게 된 그녀는 그 처녀작의 이야기 구조를 바탕으로 연이어 연애소설을 출판한다. 수많은 연애소설을 집필함으로써 그녀는 마침내 '연애소설의 여왕'이라는 칭호를 얻게 된다. 1970년대 말, 미국 여성의 약 20%가 바브라 카틀랜드의 연애소설을 한권 이상 읽어 보았다는 통계치는 그녀의 그 칭호에 정당성을 부여하며, 그녀가 대중소설 작가로 얼마나 큰 성공을 거두었는지를 잘 보여준다. 자신의 아들들과 일종의 '소설 생산 공장'을 운영하며 '카틀랜드 제국'을 이룩한 그녀는 오로지 소설만으로 그 제국을 구축하지는 않았다. 다양한 사회활동[1)]도 함께 하면서 대중적 스타가 된 그녀는 자신의 주장대로 '행복의 제공자' 역할을 수행했다. 그렇게 함으로써 삶에 대해 낙천적인 견해를 전파하려고 노력했는데, 그런 자신의 인생철학을 가장 잘 대변해 주는 행위가 곧 사랑이라는 사실을 그녀는 간파하고 있었다. 그런 그녀는 이제 소설가임과 동시에 사회적 명사가 되었다. T셔츠를 비롯하여 화장품까지 그녀의 이름이 사용되었다. 그녀는 소설을 통해 대중적이 되었지만 이제 그녀는 그녀 자신만으로도 대단한 상품성을 지닌 대중적 인물이 되었다. 그러한 그녀였기에 독자들은 그녀의 소설을 구입할 때 소설 내용에 대한 기대와 재미 이전에 스타의 체취가 스며든 인쇄물이라는 상품을 구입하는 경우가 되었다. '행복의 제공자'가 되겠다는 낙천적 인생철학을 소유한 그녀의 소설은 읽기 전에 벌써 달콤한 행복을 제공해 줄 것이라는 환상을 독자들(소비자들)에게 자극했던 것이다.

그러한 그녀의 작품들을 독서함에 있어서 우리는 그토록 많은 작품을 다 읽어 볼 수 없어서 대상 작품을 5편으로 한정했다.[2)] 그것은 그

---

1) 1925년의 총파업 당시 파업자의 아내들과 연대하는 일에서부터 시작한 그녀의 사회참여는 간호원, 조산원, 노인 복지의 향상을 위한 사업으로 이어진다. 그녀는 언론 매체를 통해 카운셀러 역할도 한다. 그러한 관점에서 볼 때 그녀는 다분히 사회주의적인 색체가 강하다. 훗날, 그녀는 정치에도 관여하게 되는데 그녀의 정치적 견해가 다분히 그러한 색체가 강함은 논리적인 귀결일 것이다.

2) ① 원제『사랑의 갈증』, 역제『은밀한 연회』② 원제『상사병』, 역제『끝없는 사랑』③ 원제『누가 사

녀의 그 많은 작품을 다 독서하기 위해 드는 엄청난 시간문제 때문이기도 하지만, 연애소설은 대체로 연애소설만이 갖는 도식성이 있는데다가 사랑에 대한 작가 자신만의 특징적인 구조를 가진 상상력이 있을 것이어서 5편 정도의 독서면 그녀만의 그 특징적인 주제를 어느 정도는 발견할 수 있으리라 기대했기 때문이다.

실제로, 그 5편의 대상 작품의 독서는 우리에게 하나의 주제와 그 주제 표현의 도식적인 구조를 발견할 수 있게 해 주었다.

곧 카틀랜드의 연애소설 속의 사랑은 전광석화적으로 발생하여 남자 주인공의 삶에 활력을 재충전해 주는 신성한 에너지로 작용한다는 것이 그것이다.[3)]

2

본론으로 들어가기 전에, 카틀랜드의 소설을 바탕으로 연애소설의 정의를 설명할 필요가 있을 것 같다.

바브라 카틀랜드의 소설에서는 여자 주인공들이 아주 능동적이다. 주어진 여건에 순종하며 무기력하게 사는 인물들이 아니다. 적극적으로 활동하여 자신들이 처한 부정적 상황을 헤쳐 나가며 운명을 개척해 간다. 가정의 가치를 소중히 여김으로써 자신 및 가정의 행복을 추구해 나간다. 대체로 그와 같은 줄거리가 주종을 이루지만 결말은 언제나 한 남자와 완전한 사랑으로 맺어지면서 천상적인 행복을 성취한다.

랑을 거부할 수 있으랴?』, 역제『누가 사랑을 거부할 수 있으랴?』④ 원제『푸른 눈의 마녀』, 역제『푸른 눈의 마녀』⑤ 원제『가난한 여자 가정교사』, 역제『후작과 여자 가정교사. 우리가 독서한 텍스트는 프랑스어판이다. 이후의 인용 시 각각 그 번호 ①, ②, ③, ④, ⑤ 만을 표기한다. 우리가 이 5편의 작품을 선택한 것은 전적으로 무작위적 선정은 물론 아니다. 책 뒤 겉표지에 간단히 요약된 글을 참고로 하였다.

3) 우리가 발견한 주제와 그 주제의 발생구조는 남자 주인공을 중심으로 한다는 사실을 다시 한 번 환기시키고자 한다. 연애소설에서는 대체로 한 쌍의 남녀가 주인공이 된다. 그렇게 볼 때, 우리의 이 글은 여자 주인공의 입장을 상대적으로 소홀히 다루었다고 비판받을 수 있다.

그녀의 소설은 한 쌍의 남녀 간의 연애관계의 발전이 줄거리의 축을 이루는 그런 연애소설과는 좀 거리가 있다. 남녀주인공이 처음부터 자신들의 사랑을 성취하기 위해 장애물을 극복해 나가는 줄거리가 아니기 때문이다. 여자 주인공들은 자신들의 일의 성취나, 아니면 가정이 봉착하는 난관들을 능동적으로 극복해가는 도중 한 남자를 만나 거부할 수 없는 사랑의 힘에 굴복하게 되며, 사랑하는 남자의 도움으로 마침내 그 난관들을 더욱 더 수월하게 극복한 뒤 결혼에 골인한다. 그렇지만 이야기가 사랑의 성취로 끝을 맺고 있으며, 그 사랑의 성취에 소설의 무게 중심을 두고 있기에 바브라 카틀랜드의 소설은 연애소설의 일반적인 정의에서 벗어나지는 않는다.

앞에서 언급한 대로, 한 쌍의 남녀 간의 연애관계가 이야기 발전의 중심축이 되어야 한다는 정의는 구조적(혹은 형식적) 측면에서 본 연애소설의 정의이다. 제2, 제3의 줄거리가 평행하게 전개될 수 있겠지만 그것들은 결국 남녀 주인공의 사랑의 성취에 관한 줄거리를 보완하는 부차적인 이야기일 뿐이다.

연애소설을 정의할 때에는 그 연애소설이 추구하는 목표에도 관심을 기울일 필요가 있다. 그것은 곧 가치 추구적 측면에 대한 관심을 말한다. 한 소설이 구조적 측면의 정의에만 합당하다고 해서 연애소설이라고는 할 수는 없기 때문이다. 포르노그라피나 도색소설이 연애소설이 될 수 없는 것은, 구조는 같지만 그 가치가 부정적, 비도덕적이기 때문이다. 그러기에 연애소설은 두 남녀 주인공 간의 참다운 이해와 합일이 목표가 되어야 하는 긍정적 가치를 지녀야 한다.

바브라 카틀랜드 소설의 두 남녀 주인공은 서로간의 진정한 이해를 통해 사랑의 합일을 이룬다. 사랑의 성취는 곧 두 인물의 자기실존의 성취와 관련되며, 그들은 사랑을 통해 그야말로 완벽한 일치

(communion)를 맛본다. 그리하여 그들의 육체와 영혼은 마침내 '영원한 하나'를 이루게 된다. 그러므로 바브라 카틀랜드의 소설들은 구조적 측면과 가치 추구적 측면에서 볼 때 연애소설의 정의에 합당한 소설들임에 틀림없다. 그러면 이제 소설들 속의 사랑의 주제로 들어가 보도록 하자.

귀족사회의 배경과 권태

카틀랜드의 소설들의 배경은 주로 귀족사회다.[4)]

건장한데다가 미남들이다. 사교계의 귀족부인들이나 미인들은 당연히 그들의 유혹에 너무도 쉽게 넘어간다. 재산상으로도 전혀 부러울 게 없다. 재능 또한 대단해서 경마를 비롯한 모든 경기에서 우승을 휩쓴다. 노름 솜씨는 타의 추종을 불허하여 청년귀족들을 빚더미 속에 몰아넣기도 한다. 그들이 시도하는 모든 일은 성공을 거둔다. 그들에게는 부족함도 부러움도 없다. 부와 명예와 권력, 그리고 런던의 모든 미인들이 그들의 손안에 있다. 모든 것이 너무도 쉽게 정복되고 얻어지기에 그들은 오히려 권태에 시달린다. 갈수록 삶은 무료해지고, 그들은 조소적으로 변한다. 그리하여 그들은 마침내 삶의 의욕을 상실한다. 그들은 뭔가 신선한 충격을 고대한다. 자신의 삶을 새롭게 할 원동력을 추구한다. 그들의 삶은 이를테면 재충전의 에너지를 수급 받아야 할 상태에 놓이게 된 것이다.

---

4) 이야기는 런던의 사교계나 대저택에서 전개된다. 그들의 그런 활동무대와 거주지는 화려함과 호화로움의 대명사다. 그곳의 귀족들은 모두가 쟁쟁한 인물들이다. 그들은 육체적으로도 완벽할 정도이다. 우리가 택한 5 작품은 모두 19세기 귀족사회를 배경으로 한다. 연대적 배경은 ①은 1817년, ②는 1817년, ③은 1802년, ④는 1860년 경, ⑤는 1887년 등이며, 남자 주인공들은 모두가 후작(순서대로, 웨인 후작, 헤롱코트 후작, 페인 후작, 알드리지 후작, 키스턴 후작)이다.

권태 해갈자의 출현

부족함이 없는 그들의 따분하고 권태로운 삶을 탈피하려는 시도는 인물들에 따라 다양하다. 어린 시절 자신이 보냈던 시골별장으로 내려가 자연을 벗 삼아 지내려는 시도(④의 경우), 영국 왕자의 살롱에 걸린 성모 마리아상에 매료되어 그 모델이 된 여인을 찾아나서는 시도(③의 경우) 같은 능동적인 경우들이 있는가 하면 무료함을 견디다 못해 놀음에 빠져드는 경우(①의 경우), 퇴역 후(웰링턴 장군 휘하에서 전쟁을 치렀다) 무료함에 시달리던 도중 살해 위험에 처한 한 남매의 구조를 통해 생기를 되찾는 경우(②의 경우) 등 부정적이거나 수동적인 동기에 의한 시도들도 있다. 그러나 그들에게 공통적인 것은, 그런 시도 도중에 항상 한 여인이 출현한다는 점이다. 그 여인은 귀족 남자주인공의 권태로운 삶에 뜻밖에 나타나 생기를 되살린다. 그녀는 곧 남자 주인공에게 삶의 활력을 재충전하여 주는 에너지로 기능한다. 여인을 만난 그는 마치 에너지를 재수급 받아 힘차게 다시 작동을 시작하는 기계 같다. 사랑이라는 신선한 에너지가 권태로 삶에 활력을 잃은 남자 주인공에게 공급되면 그의 삶은 다시 활기를 되찾는다. 그런데 그 에너지는 어떻게 보면 외부로부터 공급받은 에너지이다. 자기 내부에서 발전되는 에너지가 아니기 때문이다.

그렇다면 남자 주인공의 삶에 활력을 재충전하는 사랑이라는 그 에너지가 카틀랜드의 소설에서는 어떻게 발생되며 그 속성은 또 무엇인가.

사랑이라는 에너지의 발생 구조와 그 속성

이 문제를 해결하기 위해 먼저 남녀 주인공들의 첫 만남 장면들을 주의 깊게 관찰해 보았다. 내레이터를 통해서든 아니면 인물의 입을 통해서든 서로에 대해 갖는 감정들이 표출될 것이라는 기대에서였다. 그러나 그 감정들의 모습은 볼 수가 없었다. 그 감정들은 공통적으로 결말 부분에서 서로가 사랑을 고백할 때 표출되고 있음을 볼 수 있었다. 그리하여 그 장면들 속의 사랑의 고백들을 살펴보면, 여자 주인공들은 대체로 첫 만남에서 상대방에게 남다른 호감이나 '특별한 감정'을 갖는다. 반면 남자 주인공들은 대부분 첫 눈에 여자 주인공들에게 반해버린다.[5] 그녀를 보는 순간 전광석화 같은 빛(에너지)이 그의 영혼을 깊숙이 가로질러 간다. 첫 만남에서 남자 주인공은 사랑을 느끼게 되며, 그의 인생은 다시 상향 곡선을 그리기 시작한다. 그리하여 그 사랑은, 미켈란젤로의 「아담창조」에서 신이 아담에게 생명을

---

5) "당신은 너무도 뜻밖에 내 삶에 나타났소. 그 후로 당신은 내 삶을 온통 사로잡고 있어 당신 외에 내겐 아무것도 소용이 없소. (…) 당신은 내게 마술을 걸며 황홀경에 빠지게 했소." (①, 165쪽) "그녀는 처음 만나는 날 그에게 첫 눈에 반했다고 고백했다. (…) 나도 당신이 내게 도움을 요청하러 온 그 날 당신을 보는 순간 당신을 사랑하게 되었소." (②, 178쪽)
"나는 그녀를 보는 순간 사랑하게 되었다." (③, 173쪽)
"당신을 처음 본 순간 나는 당신이 내가 그동안 알았던 모든 여인들과는 다르다는 것을 깨달았소." (④, 183쪽)
"키스톤 저택의 커다란 현관에서 당신을 처음 보았을 때 나는 당신이 내가 그동안 만났던 여인들 중에서 가장 매력 있는 여인이라고 생각했었소. (…) 나는 즉각 당신에게 애정을 느끼게 되었소." (⑤, 155쪽)

한순간에 주입하듯, 남자 주인공들에게 단번에 활력을 재충전해 준다. 활력의 재충전은 단 한번에 순간적으로 완료된다. 카틀랜드의 소설들에서 남자 주인공들의 사랑은 그 발생이 장기적이지가 않다. 자신 앞의 장애물들을 여자 주인공과 함께 극복해 나가는 사이 그녀에게서 덕목들을 발견하면서 점차적으로 매료되는 사랑이 아니다. 다시 말해 사건을 함께 해결해 가면서 상대방에게 끌려 느끼게 되는 그런 사랑이 아니라는 것이다. 그가 느끼는 사랑은 일순간에 하늘을 가르는 듯한 그런 전광석화 같은 사랑이다. 그러므로 남자 주인공이 여자 주인공을 도와 함께 장애물을 극복해 가는 것은 정의감에서보다는 첫 만남에서 이미 발생한 사랑의 힘에 의한 것이다. 시발적 동기야 물론 무료와 권태의 탈피였지만 여자 주인공을 만나자마자 그 동기를 사랑이 대신하게 된다. 그러므로 남자 주인공이 그들 앞에 출현하는 장애물들을 극복해 가는 과정은 첫 눈에 반하여 전광석화처럼 발생한 사랑의 행동적 표현이자 그 사랑의 에너지에 의해 새롭게 작동되는 활력 넘치는 행위일 뿐이다. 그러면서 그는 상대방의 감정도 아울러 확인해 간다. 앞에 말했듯이, 그 확인은 대체로 소설의 종결부의 그 사랑의 고백6)에서 행해진다.

그동안 보았듯이, 바브라 카틀랜드의 그런 재충전 에너지의 발생, 곧 사랑의 발생은 비현실적인 면이 강하다. 그 사랑은 동화적이며 전설적이기 때문이다. 남자 주인공이 여자 주인공에게 느끼는 사랑은 번개 같은 어떤 천상의 계시 같기 때문이다.

여자 주인공의 미모와 매력과 우아함이 아무리 빼어나다 할지언정 단 한번 그녀를 바라봄으로써 발생되는, 운명을 변화시키는 그런 사랑

---

6) 카틀랜드의 소설에서 사랑의 고백은 거의 언제나 강렬한 포옹과 키스를 동반한다. 서로의 육체 일부분이 마주치는 그 키스에서 여자 주인공은 사랑의 희열을 경험한다. 인생 초유의 경험인 그 경험은 곧 행복의 극치이자 비상의 극치이다.

의 힘은 어떤 신비로운 힘일 것이다. 논리적으로는 설명될 수 없는 어떤 천상적인 것에서 유래하는 힘이라고 말할 수 있을 것이다. 신비롭고 천상적이며 신성하기까지 한 그 사랑의 속성은 사랑의 고백 장면들 속의 내레이터의 말에 잘 표현되어 있음을 볼 수 있다.

"그녀가 느낀 감정은 신성함에 가까운, 어떤 특별한 성질의 것이었다."(①, 163쪽)

"진정한 사랑은 숭고함을 지니고 있으며, 신의 축복을 받은 것으로 그녀는 확신하고 있었다."(①, 171쪽)

"그는 그녀를 계속해서 포옹하고 있을 뿐이었다. 〔…〕 그들은 하늘에서 내려오는 신성한 빛에 둘러싸여 천상을 떠다니고 있었다."(②, 183쪽)

"그들은 함께 〔…〕 낙원을 발견했던 것이다."(②, 189쪽)

"그것은 극치의, 신성한 감정이었다. 살롱은 갑자기 그녀에게 천상의 빛으로 가득찬 것처럼 느껴졌다."(③, 79쪽)

"그녀에게 사랑은 신성한 감정이었다."(③, 127쪽)

"그녀가 느낀 (사랑의) 행복은 오로지 하늘에서만 내려올 수 있는 것이었다."(④, 130쪽)

"그들은 그들의 행복을 제외하고는 모든 것을 휩쓸어 가는 아주 강열한 어떤 힘의 황홀경에 빠져 있었다."(④, 184쪽)

"그것은 지금까지 그녀가 그토록 원해 왔던 사랑, 그녀를 신성한 세계로 데려다 주는 그런 경이로운 사랑이었다. 그녀는 천국에 있는 것처럼 생각되었다."(⑤, 129쪽)

이처럼 작가는 사랑을 신성한 것, 천상적인 것으로 묘사하고 있다. 그러므로 작가에 의하면 사랑은 천국에 그 기원을 둔, 다시 말해 천국에서 발원하는 어떤 신비하고 신성한 힘인 것이다.[7)]

권태의 해갈자의 존재 조건

그렇다면 그와 같은 신성하고 숭고한 힘을 남자 주인공들에게 충전시켜주는(혹은, 공급해 주는) 여자 주인공들은 어떤 존재 조건을 갖고 있는 걸까?

그런 그녀들이기에 아마도 그녀들은 그와 같은 에너지를 충전시켜 줄 만한 신성한 속성을 지니고 있을 것이다. 그런 가정하에 그 여자 주인공들의 존재 조건들을 살펴보면 이렇다.

먼저, 그녀들은 마치 미의 화신 같다. 그야말로 완벽한 미를 갖춘 천상적 미인들이다.[8] 그녀들은 10대 후반에서 20대 초반으로 인생에서 최고의 신선함을 발현하는 꽃다운 나이의 소녀들이다. 둘째, 그녀들은 가난하다. 하지만 선함을 잃지 않고 산다. 그녀들은 가족의 안전과 행복을 추구하거나 회복하기 위해 자신을 희생할 줄 안다. 부자가 천국에 들어가기란 낙타가 바늘구멍을 지나가는 것만큼이나 어렵다는 성서의 구절처럼 부자들은 그들의 재산과 탐욕으로 말미암아 선하게 행동할 수 있는 여지가 아주 적다. 성서적인 가난, 어떻게 보면 마음이 가난한 자처럼 그녀들은 묘사되어 있다. 셋째, 그녀들은 가난하거나 불행한 상태여서 런던의 사교계와는 거리가 멀다. 런던의 사교계는 귀족들의 전유물로써 화려하지만 자연적이지가 못하다. 그곳은 꾸밈이나 가식, 또는 인위적인 면이 강한 곳이다. 그곳을 드나드는 귀족 여인들은 이혼녀나 정부들이 많다. 그녀들에게는 신선함과 도덕성이 결여

7) 사랑을 통해 천국에 이를 수 있다는 의미이기에 사랑이야말로 인간최대의 행복인 것이다. 사랑이야말로 모든 것을 충족시켜 준다. 그렇게 볼 때, 그녀의 소설도 대부분의 연애소설처럼 연애지상주의를 추구함으로써 독자에게 사랑의 환상을 심어주고 있다.

8) "저런 완벽한 얼굴이 진정 존재할 수 있다는 말인가, 라고 그는 혼자생각했다." (③, 65쪽)
"검은색 비단옷을 입은 그녀의 얼굴은 (…) 무형의 비현실적인 여인 같았다." (④, 71쪽)
"그녀에게는 마치 현관에 있는 조각된 한 여신이 받침대 밑으로 내려온 것 같은 대단히 미묘한 어떤 면이 있었다." (②, 21쪽)

되어 있다. 그녀들은 대단한 미를 지니고 있지만 남자 주인공들은 그녀들에게서 운명적인 사랑 같은 것을 느끼지 못한다. 그녀들에게 곧 권태를 느끼고 만다. 하지만 그들 앞에 청천벽력처럼 나타나는 여자 주인공들은 사교계의 그런 여자들과는 다르다. 그녀들에게는 자연 그대로의 순수함이 남아 있다. 그녀들에게는 정신적인 순결함이 남아 있다.[9] 넷째, 그녀들은 육체적으로도 순결 그 자체이다. 남자 주인공들을 사랑하여 그들의 품에 안기기 전까지 그녀들은 어떠한 남자들에게도 안겨 본 적이 없다.[10] 그녀들은 어떠한 상황에서도 순결을 지킨다. 카틀랜드의 소설에서는 언제나 포옹과 키스 이상의 행위는 행해지지 않는다. 포옹과 키스에서 극치에 이르는 사랑을 경험하지만 -작가는 정신적이자 동시에 육체적인 사랑이 완벽한 사랑임을 잘 알고 있다-[11] 그 이상의 행위는 묘사되어 있지 않다. 그처럼 카틀랜드의 여자 주인공들은 끝까지 순결을 고수한다.[12] 그런 면에서 볼 때, 그녀들은 "인간적이기보다는 오히려 천상적인 존재들"[13]이다.

---

9) "그녀는 성모 영보 때의 그토록 젊고 순결하며 이 세상과는 거리가 먼 바로 그 성모 마리아를 환기시켜 줄 수도 있는 그런 여인이라고 후작은 생각했다." (③, 50쪽)
"이딜라는 순결 그 자체였다." (④, 131쪽)

10) "-아무도 당신을 포옹해 보지 않았단 말이오? 아라민타는 이 물음에 깜짝 놀라 얼굴을 붉히지 않을 수가 없었다. -그래요, 물론이지요, 라고 그녀는 대답했다." (①, 139쪽)
"아무도 아직 당신을 안아 보지 않았단 말이오? -예." (⑤, 155쪽)

11) 작가는 남녀 두 주인공이 포옹이나 키스를 하게 함으로써 육체적, 정신적인 일치("그녀는 그 일치가 정신적임과 동시에 육체적임을 느꼈다." ⑤, 130쪽), 혹은 하나됨의 사랑의 완성을 강조한다.

12) 텍스트의 그러한 면에서 작가의 어떤 도덕적이자 교육적인 메시지를 읽을 수 있을 것인데, 혼전 성교의 거부감이 곧 그것이다. 사랑이 숭고한 만큼 그 숭고한 사랑을 느끼기 위해서는 순결한 몸과 마음이 선결요소이다. 하지만 그 반면 작가의 남자 주인공들은 대부분이 순결하지가 못하다. 여자 주인공들만의 순결을 강조하는 작가의 의도는 그러면 무엇일 수 있을까? 아마도 여성의 정화력을 주장하는 것 같다. 남성의 욕구는 매우 동물적이다. 그만큼 그들의 생활은 난잡할 수가 있다. 그러한 혼탁한 생활을 정화시켜 줄 수 있는 쪽이 곧 여성이 아닐까 하는 주장인 것 같다. 실제로 여자 주인공들에게 사랑에 빠진 뒤 자신들의 혼탁한 생활이나 방탕한 행위들에 이별을 고하는 정화된 남자 주인공들의 경우들을 볼 수가 있다. 남자 주인공들의 코페르니쿠스적인 존재 변화의 모습을 발견할 수가 있는 것이다. 카틀랜드의 '육체적 순결' 의 문제에 대해서는 Popular fiction and social change, Edited by Christopher Pawling, Macmillan press, 1984에 실린 글 「A carrier in love:The romantic world of Barbara Cartland」(Rosalind Brund) 를 더 참조할 것.

3

지금까지 우리는 바브라 카틀랜드의 연애소설에서 발견되는 한 주제, 곧 활력의 재충전 에너지로서의 사랑과 그 사랑의 발생 구조 및 속성에 대해 살펴보았다. 단 한번의 마주침에 그토록 신성하고 강력한 사랑이 전광석화처럼 발생하는 일은 그리 흔하지가 않다. 동화에서나 볼 수 있는 환상적인 사랑이기 때문이다. 하지만 그런 만큼 사람들은 그 동화적이고 환상적인 사랑을 더 동경한다. 그런 의미에서 카틀랜드의 연애소설(로맨스)은 매우 동화적이기도 하다. 그 동화성이야말로 독자를 비현실적이며 신비로운 상상 공간 속으로 몰입시켜 한동안 달콤한 행복을 맛볼 수 있게 하는 주요 요소인 것이다.

그 동화성 외에 우리는 그녀의 소설들에서 독자를 행복하게 해주는 또 다른 배려를 발견할 수가 있다. 대부분 이야기의 배경을 호화로운 귀족사회로 설정하고 있는 것이 그것이다. 그렇게 함으로써 부귀영화나 귀족생활에 대한 욕망과 훌륭한 가문의 남성에 대한 여성 독자들(연애소설은 대체적으로 여성 독자가 많다)의 동경, 곧 신데렐라적 욕망을 대리 만족시켜 주고 있는 것이다. 가난하지만 순결하고 착하게 사는 여자 주인공이 부귀를 모두 갖춘 귀족 가문의 남성과 완전한 사랑으로 결합하는 결말은 그와 같은 대리 만족의 절정을 이룬다.

---

13) ① 180쪽.

카틀랜드의 연애소설이 세계적 베스트셀러가 된 것은 위의 두 가지 요인을 잘 배합하여 효과를 극대화시킨 데에 있다. 그러나 그것이 그 이유를 다 설명해 주지는 않는다. 서두에서도 언급했듯이, 사회적 명사로서 대중매체를 통한 자기 자신의 상품화의 성공도 중요하게 지적되어야 할 것이다. 자기 자신의 대중적 상품화의 성공은 작품의 베스트셀러적 성공과도 밀접한 관련이 있기 때문이다.

여백의 사랑, 격조의 사랑

신 웅 순

1. 황진이와 벽계수, 이사종 그리고 소세양

종실 벽계수라는 사람을 유혹하기 위하여 부른 황진이의 시조 한 수가 전해져 내려오고 있다.

종실 벽계수라는 사람이 있었다.

'사람들이 한번 진랑이를 보면 빠져버리나 나는 혹하지 않을 뿐 아니라 마땅히 쫓아버리겠다.' 이렇게 호언장담하고 벽계수는 송도로 내려왔다. 왕가의 귀족답게 벽계수는 외젓하고 냉정했다. 찬바람이 휘돌고 매정스러우리만큼 까다로웠다. 그는 가을밤 송도를 구경하기 위하여 나귀를 만월대로 몰았다. 진이의 낭랑한 목소리가 들려왔다. 그 노래 소리에 뒤를 돌아보다 그만 나귀 등에서 떨어졌다. 진랑이 웃으며 이는 명사가 아니고 한낮 풍류랑이라 하고는 즉시 돌아가 버렸다. 벽계수의 양반 체면이 말이 아니었다.

청산리 벽계수야 수이 감을 자랑마라
일도 창해하면 도라오기 어려우니
명월이 만공산하니 쉬어간들 어떠리이

못난 벽계수야, 인생은 한번 가면 그만인데 천하의 명기 명월이가 무르녹아 있으니 어찌하여 나와 즐길 줄 모르고 가려고 하느냐. 함께 쉬어가는 것이 어떻겠느냐. 양반계급에 대한 지독한 풍자와 야유가 담겨있다. 양반계급을 우습게 본 것이다.

남자를 흐르는 물에 비유하고 공산에 뜬 명월을 자기로 비유한 것이 재미있다. 남존여비의 시대에, 양반계급이 극심한 때에 기생인 자기를 명월로 비기고 종친의 한 사람을 산골 물로 비유했다는 것은 황진이만이 할 수 있는 일이다. 예인으로서의, 미인으로서의 자존심일 것이다. 사회적 신분으로 자존심이 상했을 때 느끼는 여자의 분노가 이 시에서 저절로 배어 나왔다.

황진이와 가장 오랫동안 동거한 이는 선전관 이사종이었다. 이사종은 당대의 명창이었다. 어느 날 그는 천수원 천변에서 의관을 벗고 누워 노래를 불렀다. 마침 진이는 산책을 나왔다가 천변 풀밭에서 쉬고 있었다. '저 노래소리는 분명 당대의 풍류객 이사종일시 분명하다' 하며 사람을 시켜 알아보았다.

진이는 이사종을 자기 집으로 데리고 와 며칠 간 풍류를 즐겼다.

진이는 6년간 같이 살아보자고 했다. 이사종도 그러마라고 하였다. 이리하여 그들은 6년간 조건부 동거에 들어갔다. 그 이튿날 진이는 한양의 이사종 집으로 가재를 옮겼다. 거기서 삼년 간 이사종 식구들을 먹여 살렸다. 이사종도 은혜를 갚기 위하여 삼년동안 송도에서 황진이 식구들을 먹여 살렸다. 이사종의 집에서 삼년, 황진이 집에서 삼년, 조건부 6년이 다 되었다. 진이는 약속한 햇수가 다 찼으니 이젠 헤어지자고 하였다. 6년간의 동거생활을 마치고 진이는 이사종과 깨끗하게 헤어졌다.

현대판 계약결혼이다. 그러나 어찌 인간의 정을 두부자르 듯 매정하게 끊을 수 있겠는가. 폭풍한설 긴긴 밤은 진이에게는 형벌이었다. 살아왔던 운우의 정을 쉽게 단념할 수는 없는 법이다. 이사종에대한 그리움은 갈수록 깊어만 갔다.

동짓달 기나긴 밤 한 허리를 둘러내어
춘풍 이불아래 서리서리 넣었다가
어룬님 오신날 밤이어든 구뷔 구뷔 펴리라

소세양 묘소 (전북 익산 소재)

갈수록 채울 길 없는 허전한 마음을 진이는 더 이상 견뎌낼 수가 없었다.

사무치도록 그리웠다. 동짓날 긴긴 밤 한 허리를 베어내어 춘풍 이불아래 서리서리 넣었다가 사랑하는 님이 오시는 날 밤에 굽이굽이 펼쳐놓겠다는 것이다. 얼마나 다정다감한 여인인가. 겉으로는 이사종과 깨끗하게 헤어진 것으로 보이지만 진이에게도 가슴 속에 쌓인 정은 어찌할 수 없었다. 올올이 풀어 내야만 살 것 같았다. 독백치고는 참으로 안타깝다.

소세양과의 사랑은 짧았다. 그의 호는 양곡 또는 퇴휴당이다. 시문으로 저명했으며 중종 4년에 등과하여 대제학을 지낸바 있는 명사였다.

동국시화휘성에 소양곡과의 30일간의 로맨스가 전해 내려오고 있다.

소세양은 젊어서부터 여색을 좋아했다. 여자를 보고도 마음이 동요치 않는 사람은 남자가 아니라고 했다. 송도의 명기 진이가 절세의 미인이라는 소문을 듣고 친구들과 약속했다.

"듣건대 송도의 황진이가 절세의 미인이라지만 나는 그와 30일만 동숙하면 추호의 미련도 없이 깨끗하게 헤어지리라. 만약 하루라도 더 머문다면 너희들이 나를 사람이 아니라고 해도 좋다"라고 호언장담 하였다.

송도에 가서 진랑을 보니 과연 듣던 대로 절세의 미인이었다. 그들은 30일의 약속으로 애정생활에 들어갔다. 기일이 내일로 다가왔다. 그는 진이와 함께 이별의 술잔을 나누었다. 진이는 헤어지는 슬픔의 기색을 조금도 내보이지 않았다. 다만 헤어지는 마당에서 어찌 할 말이 없겠느냐며 시한수를 소세양에게 써주었다.

달빛 아래 뜰에는 오동잎 모두 지고
찬서리 들국화는 노랗게 피었구나.
다락은 높아 높아 하늘만큼 닿았는데
오가는 술잔은 취하여도 끝이 없네.
흐르는 물소리는 차기가 비파소리
피리에 감겨드는 그윽한 매화향기
내일 아침 눈물 지며 이별하고 나면
임그린 연모의 정 길고 긴 물거품이 되네

— 봉별소양곡세양(奉別蘇陽谷世讓)

'내가 어찌 인정이 없겠느냐.'하며, 이에 소세양은 하루를 더 머물며 사랑을 불태웠다. 그 후 친구들에게 사람이 아니라는 놀림을 받았으나 그는 전혀 괘념치 않았다.

가지 말라는 말 한마디만 하였던들 소세양은 가지 않았을지도 모른다. 그는 매사에 다정다감한 남자였다. 그 사람은 영영 가버리고 말았다. 견디다 못해 진이는 붓을 들었다.

어져 내 일이야 그릴 줄을 모르던가
이시라 하더면 가랴마난 제 구태여
보내고 그리는 정은 나도 몰라 하노라

남자를 허물하지 않고 자신을 탓했다. 남들처럼 그리워할 줄 모르겠느냐고 자책하고 있다. 있으라고 하면 구태여 가겠느냐고 몸서리치고 있다. 사무치게 져며오는 그리움이 너무나 절절하다. 되돌아서서는 쏟아내는회한의정을나도모르겠다고하고있다. 방치할 수밖에 없었던 자신의 무력함을 누구에게 하소연하겠는가. 진이도 한낫 평범한 아녀자에 불과할 뿐이었다.

2. 지고지순한 매창의 사랑

조선시대 여류시인이라면 규수시인 허난설헌, 기녀시인 황진이와 매창을 들 수 있다.

매창은 부안현의 아전 이탕종의 서녀로, 선조 6년(1573)에 태어났다. 계유년에 태어나서 계생이라고 불렀다. 기생이 된 뒤 애칭인 계랑으로 고쳐 불렀다. 아호는 매창, 자는 천향이다. 광해군 2년(경술 1610)에 죽었나. 나이는 38세이나.

아버지에게 한문을 배웠고, 시문과 거문고를 익혔다. 출신성분 때문에 기녀가 되었으나 몸가짐이나 행동이 발랐으며 절개가 곧았다.

촌은 유희경이라는 학자가 있었다. 유희경은 자는 응길, 호는 촌은이며 본관은 강화이다. 천민이었지만 시인으로 유명했으며, 예론과 상례에 밝아 국상은 물론 평민들의 장례까지 그에게 문의할 정도였다. 영의정 박순을 비롯하여 많은 양반 사대부들이 그와 사귀었다. 촌은은 평생 92세를 엄격하고 깨끗하게 살아왔다.

매창은 둥그스럼한 얼굴에 덕스럽게는 보였지만 얼굴이 빼어나지는 않았다. 마음은 그지없이 아름다웠고 거문고를 잘 탔으며 시문에 능했다. 이에 촌은이 그만 파계하고 말았다. 요염한 자태로 유혹 했을리 없고 그런 유혹에 빠질 촌은도 아니었다. 이심전심 풍류와 시로 소통했다.

「촌은집(村隱集)」'행록(行錄)'에는 이런 기록이 있다.

> 젊었을 때 부안으로 놀러갔었다. 그 고을에 계생이라는 이름난 기생이 있었다. 시로 유명하다는 소문을 서울에서 이미 듣고 있었다. 부안에 이르자 객이"유희경과 백대붕 가운데 어느 분이십니까?"하고 물었다. 그와 백대붕 (역시 천민출신)의 이름이 이곳 멀리까지도 알려져 있었던 모양이다. 촌은은 일찌기 기생을 가까이 한 적이 없었다. 그러나 이때에 이르러 비로소 파계했다. 그리하여 계생 역시 한시를 잘했다. 세상에 「매창집」이 간행되어 전하고 있다.

매창에게는 집적거리는 손님이 많았다. 점잖게 다가오는 손님도 있었고, 강압적으로 덤벼드는 취객도 있었다. 다음과 같은 재치로 위기를 넘겼다.

> 취한 손 마음 두고 적삼 끌어당겨
> 끝내는 비단 적삼 찢어놓았네
> 그까짓 비단옷 아까울 게 없지만
> 님이 주신 정까지 찢어질까 두려워.
>
> — 증취객(贈醉客)

촌은이 부안의 명기 매창을 처음 만나게 된 때는 임진왜란 직전 1591년쯤이다.

어느 날 촌은이 부안에 온다는 전갈을 받았다. 그동안 촌은의 풍류와 시를 흠모해 왔었던 터였다. 만나보고 싶은 시인이었다. 계생에게는 뜻하지 않은 기쁨이요, 더없는 영광이었다.

술좌석은 무르익어갔다. 매창에게 거문고 한 곡조를 부탁하였다.

연주가 끝나자 촌은은 무릎을 치며 감탄하였다. 절창이었다.

촌은은 매창을 지그시 바라보며 다음과 같은 즉흥시 시 한수를 읊었다.

> 일찍이 남국의 계량 이름 들리어
> 시와 노래로 서울까지 울렸도다
> 오늘에야 그대 모습 대하고 보니
> 선녀가 지상에 내려온 것만 같구나
>
> — 증계랑(贈癸郞)

옷고름 매만지며 다소곳 듣고 있던 매창은 다음과 같은 시로 화답하였다.

> 몇해 동안 비바람 소리를 내었던가
> 여지껏 지녀온 작은 거문고 하나
> 외로운 곡조는 타지나 말자더니
> 끝내 「백두음」 가락 지어서 타네.
>
> — 탄금(彈琴)

오랫동안 외로움과 고독에 살아온 터였다. 누구 하나 마음을 줄 사람이 없었다. 시속에 물든 사람들일 뿐이다. 이제야 임을 만난 것이다. 백년해로 하고 싶은 심정을 백두음에 비거 고백하고 있다.

계생은 거문고 줄에 유희경은 음률에 맞춰 다시 시를 읊었다.

> 나에게 신기로운 선약이 있어
> 찡그린 얼굴도 고쳐 줄 수 있으니
> 금낭 속에 간직한 귀한 그 약을
> 정다운 그대에게 아낌없이 주리라
>
> — 증계랑(贈癸郞)

분위기는 점점 익어갔다. 찡그린 얼굴도 고쳐줄 수 있는 선약이 내게 있다니. 사랑을 선약에 비유했다. 사랑하지 않을 수 없다는 얘기다. 이것이 풍류객의 멋과 운치가 아니겠는가. 그러한 사랑의 선약을 정다운 그녀에게 아낌없이 준다는 것이다.

선조25년(1592년) 4월 14일 왜구들이 14만의 대군을 이끌고 우리나라를 침공해왔다. 임진왜란이었다. 유희경은 우국지사였다. 국가를 위해 사랑을 버리는 것이 의와 충이라고 생각했다. 유희경은 상경하여 의병을 모아 관군을 도왔다.

짧았던 만남이었다. 매창과 촌은에게는 가혹한 운명이었다.

부슬비가 부슬부슬 내렸다. 하룻밤만 묵어가라는 간곡한 계랑의 간청을 촌은은 거절했다. 임과 헤어지는 무너지는 아픔을 어떻게 달래라는 말인가.

동풍 불며 밤새도록 비가 오더니
버들잎과 매화가 다투어 피었어라
이 좋은 봄날에 가장 견디기 어려운 것은
술잔을 앞에 놓고 임과 헤어지는 일이라

— 자한(自恨)

상경 후 일자소식이 없다.

계랑은 다음과 같은 시조를 짓고 아예 수절을 하였다.

梨花雨 흩날릴 제 울며 잡고 이별한 님
추풍낙엽에 저도 나를 생각는지
천리에 외로운 꿈만 오락가락 하더라

봄비가 내리는데 배꽃이 흩날린다. 울면서 임과 이별하였다. 가을이 되었다. 임은 나를 생각하는지. 추풍낙엽에 귀를 쫑긋 세우는 이 안타까움을 어찌하란 말이냐. 임은 천리 밖에 있고 나는 꿈 속에서 몸부림칠 뿐이다. 촌은은 너무나 깊은 정을 주고 갔다. 촌은에 대한 절절한 그리움은 이렇게 한도 끝도 없는 것이다.

매창은 다른 남자에게 정을 주지 않고 줄곧 절개를 지켰다.

세상일에 관심이 없어졌다. 찾아오는 손님도 없었다. 이젠 서른도 훨씬 넘었다. 촌은을 만난 지도 십 오년이나 되었다. 꽃다운 이십에 정을 주고는 십 오년을 그리움 속에서 살아 온 것이다. 그렇게 세월은 속절없이 흘러갔다.

1607년 매창은 유희경과 재회하였다. 처음 만난 지 15년이 넘었다. 그때까지 그들은 서로 잊지 못하고 애타게 보고 싶어했다.

촌은이 떠났다. 매창의 병세는 좀처럼 차도가 없었다. 죽음이 목전에 왔음을 예감했다.

독수공방 외로움에 병든 이 몸은
기나긴 사십년이 길기도 해라
묻노니 인생은 그 얼마나 사는고
가슴 속 시름이 맺혀 옷 적시지 않은 날 없네

— 병중수사(病中愁思)

촌은과의 재회 삼년 후 매창은 죽었다. 서른 여덟 이었다. 매창은 죽기 전에 촌은을 한번 만이라도 만나고 싶어 했다. 신분에 누가 미칠까 촌은에게 끝내 알리지 않았다. 죽을 때 까지도 임을 배려한 아름다운 계랑이었다.

촌은은 가슴에 저며오는 아픔을 이렇게 읊었다.

맑은 눈 하얀 이에 푸른 눈썹의 계랑아
홀연히 뜬 구름 따라 간 곳 아득하다
꽃다운 넋 죽어서 저승으로 갔는가
그 누군가 너의 옥골 고향에 묻어주리
객지의 초상이라 문상객이 다시없고
오로지 경대 남아 옛 향기 그윽하다
정미년 간 다행이도 서로 만나 즐겼는데
이제는 슬픈 눈물 옷을 함빡 적시누나.

— 차임정자도옥진운(次任正字悼玉眞韻)

이제 님은 가고 빈 경대만 남아 있다. 촌은의 가슴 속에다 매창은 영원한 둥지를 틀었다. 촌은은 매창을 잊을 수가 없는 것이다.

거문고를 뜯으며 청아한 일곡을 눈물과 함께 불렀을 매창을 생각해 본다. 그녀의 인품과 인격이 시에 실려와 지금도 연인들의 마음을 설레게 한다. 유달리 정이 많고 고요하면서도 매화처럼 의지가 굳은 여자, 자연을 관조하면서도 님에 대한 연모의 정을 끝없이 노래했던 여자이다. 참으로 지고지순한 매창의 사랑이다.

3. 비취금 어디두고 얼어자리

임제는 호가 백호이며 명종 4년(1549)에 나서 선조 20년(1587) 39세로 요절하였다. 그는 면앙정 송순의 회방연(回榜宴, 급제한 지 60년이 되는 잔치, 면앙정의 나이 81세 때임)에 송강과 함께 송순의 가마를 멜 정도로 당대의 멋쟁이었다. 당파 싸움이 싫어 속유들과 벗하지 않고, 법도 밖의 사람이라 하여 선비들은 그와 사귀기를 꺼려했다. 권력이나 벼슬에 매력을 느끼지 않은 위인이었다. 그에게는 오직 낭만과 정열 그리고 문학이 있을 뿐이었다. 일찍 요절한 천재였으며 패기가 하늘을 찌를듯한 호남아였다. 또한 시국을 강개하는 지사적인 인물이기도 했다.

그는 여인들과 많은 염문과 일화를 남기고 갔다.

> 북천(北天)이 맑다커늘 우장(雨裝)없이 길을 나니
> 산에는 눈이 오고 들에는 찬비로다
> 오늘은 찬비 맞았으니 얼어잘까 하노라

얼마나 멋진 은유인가.

북쪽 하늘이 맑아서 우산 없이 길을 나섰다. 산에는 눈이 오고 들에는 찬비가 내리기 시작했다. 찬비를 흠뻑 맞았다. 나를 맞아주지 않는

백호 임제 시비 (전남 나주)

다면 찬 이불 속에서 혼자 잘 수 밖에 없지 않은가.

위 시조는 백호가 기녀 한우(寒雨)에게 준 「한우가(寒雨歌)」이다. 당시 한우라는 기녀는 재색을 겸비한데다 시문에도 능하고 거문고와 가야금에도 뛰어났다. 노래 또한 절창이었다.

'찬비'는 '한우(寒雨)'를, '맞았다'는 '만났다'의 은유이다. '찬비를 맞았다'는 말은 기녀인 한우를 만났다는 말이 된다. '얼어 잘까 하노라'는 '몸을 녹여 자고 싶다'는 역설이다. 오늘은 한우를 만났으니 자고갈 수박에 없지 않느냐고 우회적으로 표현하고 있다. 여간한 풍류객이 아니고는 이런 노래를 부를 수 있을까.

당대의 풍류객이며 호남아였던 임제가 명기를 가만히 놔둘리 없었다.

밤은 깊어갈 때로 깊어갔다. 밤바람 소리도 이제는 들리지 않았다. 멀리서 개 짖는 소리만이 문풍지를 짧게 찢을 뿐이다. 한참동안 침묵이 흘렀다.

기득 부은 술잔을 한우는 단숨에 비웠다. 가야금에 얹은 손이 떨렸다. 더운 열기로 한참을 임제의 얼굴을 쏘아보았다. 둥기둥 칡줄이 울렸다.

> 어이 얼어자리 무슨 일로 얼어자리
> 원앙침 비취금을 어디두고 얼어자리
> 오늘은 찬비 맞았으니 녹아잘까 하노라

폭풍우가 몰아치듯 폭풍우가 지나간 듯, 성난 파도였다가, 조용한

물살이었다가 허공으로 부서지는 가락은 참으로 아름다웠다. 하늘에서 방금 내려온 물기가 채 가시지 않은 눈부신 선녀였다. 임제는 짐짓 내색 하나 하지 않고 태산처럼 앉아 가만히 듣고 있었다.

무엇 때문에 얼어 주무시렵니까? 무슨 일로 얼어 주무시렵니까? 원앙침베개, 비취 금이불 다 있는데도 왜 혼자 주무시려고 하시는 겁니까? 오늘은 찬비를 맞으셨으니 저와 함께 따뜻하게 주무시고 가십시오. 한우는 은근하게 그리고 속되지 않게 자신의 메시지를 청아한 목소리에 실려 보냈다. 베개, 이불, 잠이라는 말은 했어도 야하거나 속되지 않았다. 비꼬는 것 같기도 하면서 뒤틀리지 않은 한우의 노래는 천하일품이다. 이쯤 되면 아무리 무정한 사람이라도 녹지 않을 사람이 어디 있으랴.

해동가요에는 다음과 같은 기록이 전하고 있다.

> 임제는 자를 자순 호는 백호라 하며 금성인이다. 선조 때에 과거에 급제, 벼슬은 예조정랑에 이르렀다. 시문에 능하고 거문고를 잘 타며 노래를 잘 부른 호방한 선비였다. 이름난 기녀 한우를 보고 이 노래를 불렀다. 그날 밤 한우와 동침하였다.

임제의 멋도 멋이려니와 한우의 멋 또한 임제를 능가하고 있다. 풍류로 따진다면 난형난제요, 용호상박이다.

4. 나에게 골풀무 있으니

정철은 중종 31년(1536)에 나서 선조 26년(1593)에 졸하였다. 호는 송강이며 연일이 본관이며 서울 출생이다. 시조, 가사 문학의 대가이다.

정철은 강계에서 유배 생활을 했다. 이 때 진옥을 만났다. 진옥은 무명의 강계기녀이다. 진옥은 송강을 만나 그 이름을 떨쳤다.

정송강사 (충북 진천)

정철은 울분과 실의를 술로 달래고 있었다.

오동잎이 지는 달 밝은 밤 귀뚜라미 처량한 울음이 정철의 가슴을 더욱 쓸쓸하게 하였다. 인기척이 들려왔다. 적막한 처소에 누가 날 찾아왔을까. 송강은 누운 채로 누구냐고 물었다.

문이 스르르 열리고 장옷으로 얼굴을 가린 한 여인이 고개를 숙인 채 들어왔다. 우아한 한 마리 학이었다. 진옥이었다.

몇 순배 술잔이 오고갔다. 송강은 적당히 취했다.

"진옥아, 내가 한 수 읊을 터이니 너는 내 노래에 화답하거라."

"예, 부르시옵소서."

진옥은 거문고 줄을 뜯었다. 송강은 목청을 가다듬어 읊었다.

> 옥이 옥이라커늘 번옥만 여겼더니
> 이제야 보아하니 진옥일시 분명하다
> 나에게 살송곳 있으니 뚫어볼까 하노라

번옥(燔玉)은 돌가루로 구워 만든 가짜 옥이다. 진옥(眞玉)은 진짜 옥이다. 기녀 진옥을 바라보니 가짜 옥이 아니라 진짜 옥이었다. 진옥은 참옥을 뜻하면서 기녀 진옥을 가리키는 것이다. '살송곳'은 '살(肉)송곳'으로 남자의 상징을 은유하고 있다. 그것으로 뚫어 본다고 하였다.

> 철이 철이라커늘 섭철로만 여겼더니
> 이제냐 보아하니 정철일시 분명하다
> 나에게 골풀무 있으니 녹여볼까 하노라

정철 초상화 (정송강사내, 충북 진천)

섭철(鍱鐵)은 순수하지 못한 쇠붙이가 섞인 가짜 철이다. 번옥에 대한 대구이다. 정철은 잡것이 섞이지 않은 진짜 철이다. 진옥에 대한 대구이다. 정철은 진짜 철이면서 송강 정철을 가리키는 것이다. '골풀무'는 불을 피우는데 바람을 불어넣는 풀무이다. 남자의 그것을 녹여내는 여성의 은밀한 부분을 은유하고 있다. 살송곳에 대한 대구이다. 기막힌 은유이다.

송강이 한양에 올라왔을 때 진옥을 데려오려고 했다. 그녀는 끝내 거절했다. 진옥은 강계에 살면서 짧았던 송강과의 인연을 되새기며 나날을 보냈다.

선조 26년(1593) 12월 18일 송강이 강화의 우거에서 생을 마치는 날에 소리 없이 흐느끼는 한 여인이 있었다. 진옥이었다. 그 후의 일을 아는 사람은 아무도 없었다고 한다.

중국 작가 위화(余華)의 소설 『형제』 속 사랑 이야기

신 의 연

「형제」 작가 위화

위화(余華)는 우리나라에서 노신(魯迅) 다음으로 잘 알려진 작가이며, 우리나라에서도 많은 독자층을 확보한 중국 작가 중의 한명이다.

1960년 위화는 중국 남방의 시골 의사 부부 사이에 태어났다. 1970년대 중국의 시골의사는 가난과 과로에 시달려야 했고, 자칫하면 우파 분자로 몰리기도 하기에 정치적 긴장 또한 풀 수 없는 직업이었다. 위화는 병원 영안실 맞은 편에 있는 숙소에서 살았고, 바쁜 부모님을 대신해 병원은 위화의 놀이터가 되었다.

위화는 외과 의사였던 아버지가 수술이 끝난 후 피와 고름으로 범벅이 되어 나오는 것을 수시로 목도했고, 간호사들이 들통 가득 핏덩이들을 들고 나오는 것도 보며 자랐다. 새벽녘이면 영안실에서 들려오는 사망자 가족의 슬픈 곡소리에 깊은 감동과 위안을 받기도 하였다. 이렇게 조금은 특별한 어린 시절을 보낸 위화는 고등학교를 졸업하고 연수과정을 거쳐 치과의사가 된다. 그러나 중국 남방의 아름다운 풍광과 유년시절 그리고 병원에서의 체험들은 그를 치과의사에서 작가로 변모시키기에 충분하였다.

1980년대 후반기 위화의 초기 단편 소설에는 피와 죽음이 난무하였다. 소설 속 인물들은 사나운 운명과 욕망에 이끌려 누군가를 죽이거나 아니면 죽임을 당하였다. 아버지가 딸을 팔아넘기고, 삼촌이 조카를 때려죽이고, 형이 동생을 죽이고, 남편이 아내의 머리에 재떨이를 던져 죽이는 등 가족 간의 비상식적인 일들이 출현하였다. 이렇게 당시 위화의 소설 속에는 남녀 간의 사랑은 고사하고, 가족 간의 한 점 신뢰도 존재하지 않은 비정한 이야기들만 나올 뿐이었다.

1990년대에 이르러 위화는 「가랑비 속의 외침」, 「살아간다는 것」, 「허삼관 매혈기」에 이르는 세편의 장편소설을 창작하였다.

과거의 피와 죽음이야기가 사라졌다. 이 장편 소설들은 중국 농촌의 이름 없는 농민이나 도시 소시민을 한명씩 선정하여 그와 그 가족의 이야기를 중국 현대사를 배경으로 펼쳐나갔다. 이 무지하고 소박한 작중인물들은 중국 현대사의 '대약진운동'이나 '문화대혁명'같은 터무니 없는 국가적, 정치적 환란 속에서 단지 살기 위해 몸부림친다. 목숨을 연명하기 위해서 일하고, 굶어가는 자식들을 먹이기 위해 피를 팔아댄다. 그러나 뜻밖에 이들이 노인이 되었을 때, 이들은 인생에 대한 어떤 초월의 경지에 이르게 된다. 이렇듯 위화의 1990년대의 작품에도 애절한 남녀의 사랑이야기는 보이지 않지만 그래도 애틋한 가족애가 점점 진해지고 있었다.

위화는 1995년 「허삼관 매혈기」 이후 10년 동안 새 작품을 발표하지 않았다. 위화가 내놓는 소설마다 최고의 베스트셀러가 되었던 당시에

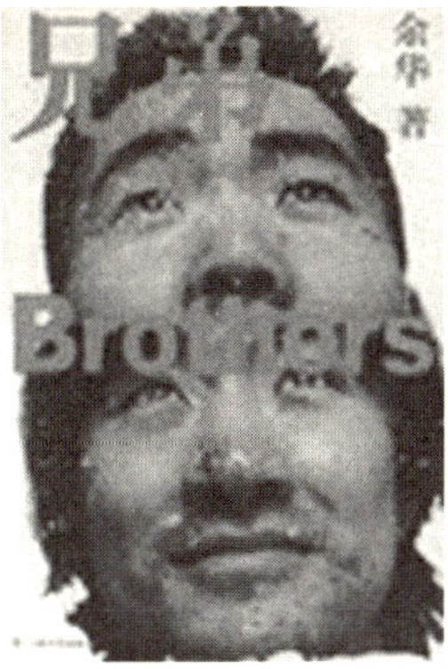

중국판『형제』

이러한 위화의 침묵은 독자들의 기다림과 의혹을 낳기도 하였다. 그러다가 2005년과 2006년에 이르러서야『형제』상 · 하권을 출판하게 되었다. 사실 이『형제』도 사랑 이야기가 중심은 아니다. 이 작품은 급격한 변화를 겪는 중국 당대 사람들의 삶을 희극적이며 과장된 어투로 풀어내고자 하였다. 즉, 유럽이 400년 동안 겪었던 변화를 단 40년 만에 경험해야했던 중국인들의 외부적 변화와 내면의 충격을 이야기하여, 이로 인한 중국인들 스스로 그들의 현재와 미래에 대한 성찰을 유도하고자 하였다.

그러나 위화는 이를 정면에서 직접 이야기하지 않고 과장과 패러디 그리고 유머 속에 숨겨두고자 하였다. 따라서 이 작품은 읽는 이에 따라 재미있고 단순한 읽을거리가 될 수도 있고, 긴 시간 고민하게도 하는 다층적 읽기가 가능한 작품이기도 하다.

그러나 소설 속 한 형제의 삶만을 통해 중국 당대에 존재하는 사회적 불평등의 간극, 역사적 충격의 간극 그리고 변화를 감당하지 못하는 당대 중국인들의 정신적 불안 등 많은 주제를 입체적으로 풀어나가는 데 한계를 보인다는 평가를 받고 있기도 하다.

어쨌든『형제』에는 처음으로 제대로 된 사랑이야기가 나온다. 먼저『형제』상권에서는 지고지순한 아버지 세대의 사랑이야기가 펼쳐진다.

갓 결혼하여 아이를 임신한 이란의 남편 류산펑은 썩 질이 좋은 사람이 아니었다. 그는 마을 공동화장실에서 여자 엉덩이를 훔쳐보려고, 남자 변기 쪽에서 여자 변기 쪽으로 너무 깊이 고개를 숙이는 바람에 화장실에 빠져 죽는다. 구더기와 똥물 속에서 죽어있는 류산펑을 송범평이 건져내오면서 이란과 송범평 이 두 사람은 처음으로 만나게 되었다. 이란은 송범평을 은인으로 여기게 된 것이다. 그러나 이란은 이러한 남편의 수치스런 죽음으로 평생 밖으로 나가지 못하고 죄인처럼 숨어서, 아들 이광두를 기르며 살아가야했다.

중학교 선생이던 송범평도 세월이 흘러 병으로 아내를 잃고, 홀로 아들 송강을 기르며 살아갔었다. 그들이 사는 류진(진은 행정구역상 우리의 읍과 비슷하지만 인구는 훨씬 많다)에 농구시합이 열리고, 장대한 체구의 송범평이 류진 최초로 덩크슛을 성공시켰다. 온 류진 사람들이 열광하며 지켜보고 있는 중에 송범평은 이란에게 달려가 수줍어하는 그녀를 안아 높이 들어올렸다. 당시 이런 장면은 성인영화급에 해당하는 것이었다. 그러나 이란에게는 인생 최고의 순간이었고, 그녀의 영혼을 누르고 있던 수치심에서 해방되는 순간이었다. 이들은 곧 결혼하였고, 영혼과 육체가 진정 하나가 되는 사랑을 경험하였고, 이란은 차츰 세상에 대한 자신감을 회복하게 되었다.

그러나 얼마 지나지 않아 송범평은 문화대혁명 시위대에게 지주의 아들이었다는 이유로 무참하게 구타당해 죽는다. 이란은 사람들 앞에서는 극도의 인내로 울음을 참으며 장례식을 치른다. 송범평의 관이 마을을 떠나 남문밖에 이르렀을 때에야 비로소 아이들도 울게 하고 자신도 울어댄다. 송범평을 통해 세상에 대항하는 힘을 얻은 그녀는 죽을 때까지 당당하게 지주의 마누라라는 멍에를 벗지 않았으며, 남편을 기리기 위해 7년 동안이나 머리를 감지 않고 살았다.

송범평과 이란은 전형적인 남녀의 역할에 충실한 아버지 시대의 아름다운 사랑을 보여주었다. 이란은 수줍음이 많은 온화한 아내였고, 송범평은 장대한 체구에 낙관적이고 쾌활한 남편이다. 송범평은 거의 이상에 가까운 아버지이며 남편이다. 지적, 체력적, 사교적 능력이 출중하며 다정다감하다. 그는 이란의 머리를 직접 감겨주기도 하고, 이광두를 친자식처럼 아껴준다. 그는 혹독한 고문을 당하면서도 아이들에게 내색하지 않고, 동심을 지키기 위해 탈골된 팔을 일부러 '쉬게 해준다'고 말하거나, '먹고 놀기만 하여 부었다'고 변명한다. 아이들과의 약속을 지키기 위해서라면 한밤중에 바닷가에 다녀오기도 한다. 또 이란과의 약속을 지키기 위해 죽음을 각오하고 창고를 탈출하여 기차역에 마중을 나간다. 송범평은 현재의 시대에는 찾을 수 없는 과거시대의 미덕을 간직한 영웅적 인물이다. 폐쇄되고 암울한 문화대혁명 시기였기에 송범평과 이란의 사랑은 더욱 아름답게 빛났는지도 모른다.

『형제』 상권과 달리 하권은 모든 것이 넘쳐나는 풍요의 세계가 된다. 여자 엉덩이 이야기 하나로 온 류진이 들떠 지내던 시기가 가고, 이제는 거리마다 여성의 노출로 가득 차, 보기 싫어도 봐야 하는 엉덩이들로 넘쳐나게 된다. 또 일회용 처녀막과 처녀막 재생수술이 넘쳐날 정도로 성이 개방된 시대가 되었다.

여기서 이란과 송범평의 아들 세대의 사랑이야기가 시작된다. 이란과 송범평이 데려온 배다른 형제 송강과 이광두의 우애는 각별했다. 많은 고난을 함께 겪고 부모를 잃어버린 그들은 그림자처럼 붙어 다니며 서로를 의지하며 살아남는다.

이광두는 친아버지를 닮아 사업수완이 좋고, 성적으로 조숙한 아이였다. 그는 14세 때 마을 공동화장실에서 여자 엉덩이를 훔쳐보았고, 운 좋게 마을 최고의 미녀 임홍의 엉덩이를 보게 된다. 이 사건으로 류진 사람들은 그 아버지에 그 아들이란 말을 하게 되었으며, 어머니 이란의 수치심은 다시 되살아났다. 하지만 이광두는 이에 아랑곳 하지 않고 임홍의 엉덩이 이야기를 팔아 56그릇의 삼선면을 얻어먹었다.

송강 역시 친아버지를 닮아 키가 크고 성실하며, 문학을 사랑하는 청년이 되었다. 그는 아기 낳는 것 빼고는 모든 가사일에 출중한 능력을 보이며 동생 이광두를 보살펴준다. 그는 일찍이 이란의 임종을 앞

두고 모든 좋은 것이 있으면, 동생에게 양보하겠다고 말하기까지 한다.

하지만 형제의 우애는 목숨을 거는 사랑 앞에서 사라지게 된다. 청년이 된 이광두는 어느 날 갑자기 아름다운 임홍의 모습이 눈에 들어왔고, 모든 수단과 방법을 가리지 않고 열렬한 구애활동을 펼친다. 하지만 임홍에게 이광두는 몇년 전 화장실 사건으로 자신에게 치욕을 느끼게 했던 남자이었고, 이광두의 외모와 그가 벌이는 희극적인 구애방식은 그녀가 사랑을 느끼기에는 너무 거리가 멀었다. 그러나 자기 사랑 앞에 단순한 남자 이광두는 이러한 임홍의 감정을 이해하지 못하였다.

임홍은 우스꽝스러운 이광두의 구애에 지쳐갈 무렵 항상 이광두의 옆에 있던 송강을 발견하게 되고, 그에게 적극적으로 감정을 표현하게 된다. 착하고 우직한 송강은 임홍과의 사이에 난생 처음 솜털처럼 부드러운 사랑의 감정을 느끼나, 형제애 사이에서 갈등하다가 자살을 시도한다.

그래서 송강과 임홍 사이에서 두 번째 사랑이야기가 시작된다. 결혼한 송강은 자기 목숨보다 임홍이 먼저였고, 임홍은 더 이상 바랄 것이 없는 행복과 정서적 안정을 느낀다. 국영공장에서 일하는 이들은 영구표 자전거 한 대를 나란히 타고 십년이 넘게 함께 출퇴근하였다. 송강이 매번 자전거를 분해하여 새것처럼 닦고 조이듯, 이들은 반복적 일상을 소박하고 빛나는 사랑으로 메꾸어 나갔다. 단지 두 사람 사이에는 아이가 생기지 않았다는 것을 제외하면 이들은 1980년대 중국에서 가장 행복한 삶을 살아가는 부부였다.

하지만 중국의 경제체제의 변화는 급속히 진행되었고, 이제 누구도 자전거를 타고 다니는 이들 부부를 부러워하지 않는 시대가 되었다. 국영기업들이 문을 닫고, 송강도 실직자가 되었다. 우직한 송강은 가장으로서의 책임을 다하고자 아픈 몸을 이끌고 남방으로 장사를 떠난다. 남방에서 성인용품 장사를 하는 송강은 유방크림 홍보를 위해 자신의 몸에 유방확대수술까지 받아가며 많은 돈을 벌어 임홍에게 돌아가고자 한다.

임홍은 송강과의 결혼 후에도 이광두에 대한 미움은 여전하여 송강과 이광두를 의절하게까지 만든다. 그러나 송강이 남방으로 장사를 떠나고, 혼자 남게 되면서 유혹과 해고의 협박에 시달리게 되고 이를 알게 된 이광두는 임홍을 적극 도와주었다. 이를 계기로 임홍과 이광두의 세 번째 사랑이야기가 시작된다.

이광두는 송강과 임홍의 결혼식 날 불현듯 정관수술을 하였다. 서로를 의지하고 살아가던 형이 자신을 배신하고 임홍과 결혼한 것을 용서하지도 복수하지도 못하는 이광두의 유일한 선택이었다. 또는 임홍과의 사이에서가 아니라면 영원히 자식을 낳지 않겠다는 의지의 표현이기도 할 수 있을 것이다. 이광두는 또 신속하게 개혁 개방의 시대에 적응하고, 놀라운 사업수완으로 폐품사업으로 부를 이룬다. 또한 그는 공무원 간부와의 적절한 관계를 이용하여 류진 전체의 GDP를 책임지는 부자가 되었다. 때마침 중국의 사회의 급격한 변화는 이광두가 거부가 되는 데 충분한 외부적 조건을 제공하였다.

하지만 외적 성공과 달리 이광두는 사랑을 주고 나누는 연애를 몰랐다. 진정한 숫처녀를 선발하는 '처녀미인대회'를 개최하고, 수많은 미인들과의 잠자리를 즐기고, 그들의 구애편지를 받지만 이광두의 임홍에 대한 마음은 변함이 없었다. 어느 날 임홍이 찾아왔을 때, 감격에 겨워하지만 육체적 방법 외에는 달리 사랑을 표현하는 방법을 알지 못하였다.

임홍도 처음에는 완강히 거부하였으나, 뜻밖에 이광두 방식의 사랑법에 반응하여 가는 자신을 발견하게 되었다. 임홍은 빨간 립스틱과 같은 자신의 또 다른 모습이 신기하기도 하며, 송강에게 미안해하기도 하였지만, 이제는 이광두와의 성적인 여흥을 포기하지 못하는 자신을 원망할 수밖에 없었다. 하지만 두 사람의 형과 남편에 대한 우애와 사랑은 변함이 없었다. 이광두와 임홍은 마지막으로 첫날밤을 재연하고 헤어지기로 한다.

그러나 남방에서 돌아온 송강은 임홍이 이광두에게 가버린 것을 알게 되었다. 괴로워하던 그는 과거 어머니 이란에게 무엇이든지 이광두에게 양보하겠다는 맹세를 떠올리게 된다. 그는 임홍과 이광두를 위해서 자살을 선택하게 된다. 철로에 누운 송강의 몸 위로 기차가 지나가는 순간, 송강은 그 옛날 송범평이 자신을 데리고 간 바다에서 보고자 했던 갈매기가 자유롭게 날고 있는 것을 보았다.

이광두와 임홍은 거창한 첫날밤 재연의 순간 송강의 죽음을 듣게 된다. 이광두와 임홍은 미친 듯 서로를 저주하고 헐뜯고 욕을 하며 헤어진다.

임홍은 송강의 장례식을 치르고 그가 남겨둔 돈과 편지를 받아들고 오열하였다. 이광두도 송강이 보내온 편지를 받았다. 송강은 자신들의 형제애는 변함이 없을 것이라는 말과 임홍의 일자리를 부탁하며, 그 옛날 행복했던 어린 시절의 사진도 남겨준다.

중국의 거부중의 한사람이던 이광두는 이제 폐인이 되었다. 그의 기이한 성적 능력도 사라지고 사업에도 일체 관심을 기울이지 않는다. 현재의 자신을 가능하게 했던 힘, 즉 마지막 가족이 지구에서 사라지자, 이광두는 우주여행을 준비한다. 거액을 주고 우주로 가서 송강의 유골을 우주에 두고 올 계획이다.

임홍은 자신을 저주하며 한두 해 동안 문밖으로 나오지 않았다. 그러나 뜻밖에 임홍은 이광두가 전해준 송강의 장례비용으로 류진 최고 시설의 매춘 미용실을 차린다. 류진의 모든 고급간부와 부자는 임홍

사장의 매춘 미용실의 단골고객이 된다. 깡마른 임홍의 몸매는 명품으로 휘감아지고, 사업은 번창한다. 하지만 임홍은 사업상의 일이 아니면, 말을 하지 않는다.

그녀는 무슨 생각을 하며 살까? 한 때 류진 최고의 미인이자 순수했던 한 소녀가 정말로 돈과 매춘을 떠나 살 수 없는 사람이 된 것인가? 그녀에게 있어서 송강과의 순수하고 소박한 사랑은 영원한 것이고 목숨과도 바꿀만한 진심이었다. 그리고 저주하고 욕을 해댔지만 이광두와의 불같은 사랑도 수시로 가슴을 파고드는 것이었으리라.

이광두는 지금쯤 무사히 우주여행을 다녀왔고, 죽은 송강의 유골은 우주궤도를 따라 돌며 하루에 열여섯 번의 일몰과 일출을 보고 있을지도 모른다. 시간이 더 흘러 어쩌면 이광두는 사업에 복귀하고, 여전히 여자들을 갈아치우고 있을지도 모른다. 하지만 그가 간절히 바라는 것은 때로는 형 송강이 지어주는 따뜻한 밥 한 그릇을 먹어보는 것이고, 때로는 사랑하는 임홍이 옆에 있어주는 것이다. 그러나 모든 것이 가능한 물질만능과 성 범람의 시대에, 거부가 된 이광두는 정작 아무것도 가질 수 없다.

지금 이 순간에도 가끔은 하늘을 쳐다보는 이광두들과 입을 꼭 다문 임홍들은 평생 다 쓸 수도 없는 돈을 벌어들이는데 매진하고 있을지도 모른다.

송강과 임홍 그리고 이광두 이들의 푸른 시절 가슴 벅찬 사랑들은 다 어디로 갔는가? 한번 가버린 사랑은 왜 돌아오지 않는가? 미묘한 사랑이란 감정은 왜 인생을 따라 순조롭게 움직이지 않는 것일까? 오히려 사랑이란 감정은 인생의 성패와 무관하게 한 사람을 강하게 하기도, 죽이기도 하며, 외롭게 만들기도, 행복하게도 만든다. 이 사랑을 우리는 어떻게 다루어야 하고 간직해야 하는 것일까?

얼마 전 한국에서 상영되었던 중국 영화 〈색 · 계〉의 저자 장아이링

(1921~1995)은 수많은 격정적인 애정소설 작가로 유명하다. 그녀의 많은 소설 속에 사람들에게 잘 알려지지 않은 아주 짧은 산문이 한 편 있다. 이 산문의 제목은 〈사랑〉이다.

이는 실제 있었던 이야기라고 한다. 중국 시골에 15, 6세 정도의 비교적 예쁜 여자 아이가 있었다. 그녀를 향한 혼담들이 있었으나, 아직 혼처는 정해지지 않았다. 이 여자아이는 어느 봄날 저녁 하얀 셔츠를 입은 채, 뒷문 밖 복숭아나무를 잡고 서 있었다. 그때 마침 맞은 편에 한 남자아이도 서 있었다. 그는 한 번도 인사한 적이 없는 뒷집아이였다. 순간 그 남자아이는 "아! 너도 여기 있었구나!" 한마디만을 했고, 여자아이는 아무 대답하지 않았다. 그뿐이었다.

세상일은 마음대로 되지 않아 이 여자아이는 친척에게 속아 어느 촌구석 남자의 첩으로 가게 되고, 그 뒤로도 서너 번을 팔려 다녔다. 무수한 풍상을 겪고 늙고 지친 여인이 된 뒤에 그녀는 종종 그 봄날 저녁, 복숭아나무 아래 있었던 그 남자아이 이야기를 했다고 한다. 사랑이란 감정은 이런 것일지도 모른다.

장아이링의 말처럼 우리가 만났던 수많은 사람들 속에서도 더 우연히 만난 그 사람, 무한한 시간의 틈 속에서, 한걸음 빠르지도 않고, 늦지도 않게, 그 시간과 공간속에 마주쳤던 그 사람에게 우리는 별로 할 말이 없을 수도 있다. 단지 가만히 이렇게 물어볼 뿐이다.

"아! 당신도 거기 있었군요!"

사랑 : 기억과 망각 사이

이 철 우 · 하 일 선

1. 철학자의 사랑 : 기억

'철학(philosophy)'은 philos(사랑)와 sophia(지혜)의 합성어로 이루어졌다. "지혜에 대한 사랑"이라는 철학의 어원적인 의미는 그러나 고대 그리스인들의 일반적 이해에 근거할 때 "앎(지식)에 대한 사랑"으로 이해해도 무방하다. 철학자는 다름 아닌 애지자(愛知者)이다. 철학에서 탐구하는 지식을 다른 종류의 지식과 구별한 아리스토텔레스의 설명은 철학자가 사랑한 그 앎이 무엇인지를 이야기해준다.

아리스토텔레스에 의하면 앎에는 세 가지 종류의 앎이 있다. 첫 번째는 책상을 만들 때처럼 어떤 도구를 만들기 위해 제작과정에서 필요한 앎이고, 두 번째는 덕을 행하기 위해 정의, 용기 등이 무엇인지를 판단할 수 있는 정치적 혹은 윤리적인 앎이다. 그리고 아리스토텔레스에 의해 철학적 질문의 중심에 서게 되고 이로 인해 철학자의 사랑을 규정한 세 번째의 앎이란 이미 존재하는 어떤 것이 스스로 자기 자신

플라톤『향연』

으로 우리에게 보여 지게 하는 것, 그것이 무엇인지에 관한 앎이다. 이와 같은 세 번째의 앎을 향한 철학자의 사랑에 따라 "거기에 실제로 있는 어떤 것, 그것이 무엇인지를 아는 것"이 서구 형이상학의 역사에서는 고대 이래 진리로 간주되어 왔다. 철학자들이 사랑한 앎(지식)은 진리의 자리를 차지하고 더불어 철학은 '진리에 대한 사랑'으로 이해된다.

아리스토텔레스가 철학자의 사랑이 향하는 대상을 규명하였다면, 그의 스승인 플라톤은 사랑의 기원을 우리에게 전해줌으로써 '도대체 왜 우리가 사랑하는가' 라는 질문에 대답하고 있다.

플라톤은 그의 책 〈향연〉에서 소크라테스와 그의 여러 친구들의 입을 빌어 사랑의 기원에 관한 여러 가지 버전을 이야기하게 한다. 철학자의 사랑 곧 '철학한다'는 것이 무엇인지 그리고 더 나아가 왜 우리가 사랑하는지를 밝히기 위해 플라톤은 지혜로운 여인 디오티마를 등장시킨다. 디오티마가 이야기 하는 사랑의 신인 에로스의 탄생에 얽힌 신화는 사랑의 기원에 관한 마지막 버전인 동시에 사랑의 기원에 대한 본질적 의미를 지닌다.

사랑의 신 에로스는 아름다움의 신인 아프로디테의 탄생을 축하하는 날에 풍요의 신인 아버지 포로스(poros)와 빈곤의 여신인 어머니 페니아(penia)의 만남으로부터 태어난다. 에로스는 미의 신 아프로디테와의 이러한 인연과 부모연이라는 이중적 운명에 의해 철학자들에게 사랑의 원형이 되며 나아가 모든 사랑에 근거를 해명해주는 사랑의 신이 된다.

포로스와 페니아가 아프로디테의 탄생을 축하하는 날에 에로스의 부모가 되는 연을 맺음으로써 생겨난 에로스와 아름다운 아프로디테와의 인연은 자연적으로 에로스를 아름다움의 애인, 즉 '아름다움'을 사랑하는 자로 삼는다.

지혜를 최고로 아름다운 것 가운데 하나로 이해한 고대 그리스인들에 근거할 때 아름다움을 사랑하는 에로스는 당연히 최고의 아름다움인 지혜를 사랑하는 애지자이다. 플라톤은〈향연〉에서 아름다움을 사랑하는 자(愛美者)로써의 에로스 스스로를 철학자(愛知者)로 그리고 있다. 철학자의 사랑이 앎에로 향하는 것, 즉 철학자가 애지자인 것은 아름다움을 사랑하게끔 태어난 에로스의 탄생에 얽힌 운명 때문이다.

플라톤은 다음으로 에로스와 부모의 인연을 통해 '왜 우리가 사랑하는가?' 라는 질문에 대한 답을 구한다.

디오티마가 이야기하는 에로스의 탄생 신화를 포함해서〈향연〉에 등장하는 사랑의 기원에 관한 여러 버전들은 사랑이 에로스와 우리 인간의 결핍된 존재에서 혹은 불완전한 존재에서 근거한다고 이해하게 만드는 경향이 있다. 즉, 에로스가 자신의 반쪽(어머니)인 빈곤(죽음, 한계, 무지, 아름답지 못함)을 극복하려고 다른 반쪽(아버지)인 풍요(영원, 이상, 앎, 아름다움)를 추구한다는 것이다. 그리고 자신의 반쪽을 상실한 채로 태어난 인간은 이러한 자신의 결핍 때문에 자신의 다른 반쪽인 이성을 찾는 것을 사랑이라고 이해하게 한다. 이러한 이해로 인해 '왜 우리가 사랑을 하는가?'에 대한 대답은 결국 결핍 혹은 빈궁함이라고 읽혀진다.

그러나 플라톤은 지혜로운 여인 디오티마의 입을 빌어 철학자(에로스)의사랑, 즉 '철학한다'는 것도, 또한 일반적인 우리 인간들의 '사랑한다'는 것도 결핍에 근거하지 않음을 드러낸다. 왜냐하면 에로스는 '부유하지도' 않았지만 결코 '빈궁하지도' 않았기 때문이다. 에로스는 '부유하고' 또 '빈궁하고'의 존재가 아니라 '부유하지도' 또 '빈궁하지도' 않은 존재이다. 또한 사람들이 사랑하는 이유도 결핍이 아니라고 밝힌다. 이를 논리적으로 설득하기 위해 플라톤에 의해 디오티마는 다음과 같이 말을 이어간다. 사람들이 사랑한다는 것은 원한다는 것이고 이는 갖기를 원한다는 의미이다. 그러나 사람은 자기 것이기 때문에, 즉 상실된 자신의 반쪽이기 때문에 무조건 가지려고 하지는 않는다. 그것이 '좋은 것'이고 그로 인해 '행복'하기 때문에 가지려고 한다는 것이다.

즉 자기 것이라고 해도 좋은 것이 아닐 경우 심지어 떼어버리려고 하는 것에서 우리는 왜라는 질문에 대한 답이 자신의 반쪽에 대한 결핍에 있는 것이 아님을 알 수 있다. 디오티마의 말을 더 들어보자. " 좋은 것과 행복에 대한 모든 욕구"가 사랑이고, 더 나아가 "사랑이란 좋은 것을 '영원히'자기 자신의 것으로서 가지기를 원하는 것"이다. 따라서 사랑은 자식을 낳음, 혹은 정신적인 잉태로 이어지며 이는 곧 육체적 혹은 정신적 자식을 통한 지속적인 삶(不死)을 의미한다. "결론은, 사랑도 불사(不死)를 위해서 있는"것이다. 즉 "불사야말로 그 모든 열정과 사랑이 추구하는 것"이다.

디오티마의 마지막 이야기에서 드러나듯 왜라는 질문의 답을 찾기 위해서는 에로스와 우리 인간의 결핍성 혹은 빈궁함보다는 오히려 그들이 무엇을 원하는지를 묻고 바로 그들의 '원함'에 그 강조점을 두어야 한다는 의미이다. 사랑이란 결핍 혹은 빈궁함 때문이 아니라 불사를 원하기 때문이다. 플라톤과 이〈향연〉의 주인공으로서 디오티마의 이야기를 자신의 친구들에게 전하는 역할을 맡은 플라톤의 스승 소크라테스는 인간이 소유한 영혼의 불멸을 믿었다. 따라서 불사를 사랑하는 인간은 영혼을 사랑해야하고, 불사를 원하는 인간은 영혼을 돌보아야한다. 그러나 그들은 알지 못한다. 왜냐하면 망각의 강을 건너면서 잊어버렸고 이렇게 잊은 채로 이 세상에 다시 왔기 때문이다.

에로스가 사랑의 신이라는 궁극적인 의미는 에로스가 철학자의 사랑(철학하기)의 원형이며 더불어 모든 인간적인 사랑의 해명이기도 하다는 사실에 있는데 이를 위해서는 다시 아프로디테와의 인연으로 인해 에로스가 '아름다움'을 사랑하는 자라는 사실에 주목해야 한다. 왜냐하면 한편으로는 인간이 자기의 영혼을 돌보고 있지 않기 때문이다. 즉 앞에서 살펴 본 것처럼 원하기는 하나 알지 못하고, 알지 못함은 망각하고 있기 때문이다. 그리고 다른 한편으로는 고대 그리스인들에게 '아름다움'이란 그것이 육체적인 아름다움이라 할지라도 결국 최고의 아름다움, 즉 진리(지혜; 존재)가 무엇인지를 '상기'시키고, 더불어 영혼의 영원한 아름다움을 '상기'시켜주기 때문이다.

플라톤은 철학하기를 '영혼돌보기'로 이해하며 사랑하는 자로써 사랑할 만한 것, 그럴만한 가치가 있는 것에 온 영혼을 기울였던 스승 소크라테스를 계승하여 우리에게 최고의 아름다움을 상기시키려 한다. 그가 사랑한 앎(지식)은 다름 아닌 절대적이고, 영원한, 즉 보편자이다.

우리가 사랑하는 것은 결핍 때문이 아니라 원함 때문임을 그리고 기억함 때문임을 독일의 실존주의 철학자 야스퍼스는 그의 저서〈진리에 관하여〉에서 이렇게 쓰고 있다. "사랑은 시간 전에 일어난 영원함을 기억한다. 즉 아남네시스의 능력이다. (……) 사랑은 아름다움 속에서 자신을 드러내고자 하고, 영원하려고 하고, 영원불멸함의 부분이 되려고 한다. (……) 사랑은 유(생성)와 무(소멸) 사이의 중개자이며, 부유함과 빈곤함의 중개자이다."

사랑이야말로 인간 '됨'의 본질이며 근원이다. 아름다움 속에 자신을 드러내는 사랑 그 자체야말로 우리가 사랑하는 이유이다.

2. 시인의 사랑 : 망각

독일 낭만주의 시인 횔더린 초상화

앞 장에서 살펴보았듯 철학자의 사랑('철학하기')은 '빈궁하지 않은' 혹은 그 사실을 앎으로 인해 빈곤 혹은 결핍에 고통스러워하지 않는 에로스의 사랑이다. 그러나 철학자의 사랑과는 달리 일반적으로 우리 인간들이 경험하는 사랑은 역설적으로 인간의 궁핍함, 부족함을 상기시켜주며 절망으로 인도하기 일쑤이다.

독일의 현대 철학자 하이데거에 의해 독일을 대표하는 대문호인 괴테와 버금가는 시인으로 호평 받는 독일 낭만주의시대의 시인 횔덜린(1770-1843)은 그의 서간체 소설〈히페리온〉에서 이렇게 쓰고 있다.

> "벗이여, 정말 그럴까. 우리들이 혼자가 될 수 없다는 것, 우리들이 살아 있는 한은 우리들의 내부에 사랑이 사멸하지 않는다는 사실, 그런 것이 우리들의 온갖 부(富)에도 불구하고 우리들을 빈곤하게 만드는 것이다. 나에게 아다마스를 돌려 달라. 나와 함께 맺어진 모든 사람과 같이 와라! 그러면 옛날의 아름다운 세계가 우리들 사이에 되살아나 우리들은 모여서 우리들의 신, 자연의 품에 안겨 맺어지리라. 그렇게 되면 나에게는 궁핍 같은 것은 없어지는 것이다."

사랑이 인간의 내부에서 소멸되지 않는다는 것은 영원한 아름다움에 대한 기억이 사라지지 않는 것을 의미함과 동시에 알지 못하는(잊은) 우리 평범한 인간들에게는 궁핍함의 현존함에 대한 확신을 의미한다.

이러한 인간들 중 하나인 히페리온은 사랑하는 친구 아다마스와 이별하고 사랑하는 여인 디오티마의 죽음을 맞고 절망한다. 그리고 지혜(앎) 혹은 진리를 구하는 것도 실패하고, 영원한 사랑도 찾지 못한 늙은 파우스트 박사는 인생의 허무함에 실망하여 독약을 먹고 자살하려고 한다. 그래서 니체는 빈정대듯 말한다. "인간에게 사랑이 부족"하고 "한 번도 사랑에 배불러 보지 못했기 때문"에 오히려 "인간이 사랑에 대해 열정을 갖고 또 찬양하는 것"이다. 사랑에 대한 찬양 또한 절망인 것이다. 이토록 절망하고 있는 우리 인간들이기 때문에 앞에서 언급했듯이 에로스의 빈궁함과 우리 인간의 결핍됨이 우리가 사랑하는 이유라고 쉽게 이해하게 되는 것이다.

철학자의 사랑을 잘못 이해할 만큼 절망하고 있는 우리 인간들에게 이제 시인이 자신의 말에 귀를 기울이라고 속삭인다. 시인은 "공통적인 정신의 사상들이 존재한다."고 전하면서 "공통적인 정신의 사상들은 시인의 영혼 안에서 고요하게 잦아들면서 존재한다"고 알려 준다. 이 시인의 이름은 히페리온을 통해 우리 인간과 함께 절망했던 횔덜린이다. 그리고 철학자와는 다르게 그는 이제 우리더러 잊으라한다.

> "말하자면 정신이 집에 있는 것은 시원과 원천에서는 아니다. 고향은 그 정신을 먹어치운다. 식민지를 사랑하고, 과감히 잊기를 정신은 사랑한다. 우리의 꽃들과, 그리고 우리의 숲들의 그림자들은 죽어가는 것을 기뻐한다. 마치 영혼을 불어넣는 자가 거의 불타버린 것같이."

잊음은 무엇을 의미하는가? 더욱이 횔덜린이 요구하는 '과감한 잊음'이란 무엇인가? 철학자 하이데거는 이렇게 풀이 한다: " '잊음'을 우리는 대부분의 경우 '더이상-어떤 것에 대해-생각하지-않음'으로 알고 있다. 그러나 이것은 어떠한 것이 우리를 피해 가다, 피해 갔다는 것이나, 혹은 우리자신이 어떠한 것을 염두에 두지 않고 치워버림을 의미한다. 잊음은 한편으론 빠져나감, 상실을, 다른 한편으론 차버리다, 회피하다, 도주하다를 뜻한다. (……) 그러나 또 다른 잊음이 있는데, 이때 우리는 어떤 것을 잊는 것이 아니라, 오히려 우리가 잊혀지고, 우리 자신이 잊음으로 존재하는 그러한 잊음이 있다. 인간 자신이 단순히 잊는 자뿐 아니라 잊혀진 자로 존재하는 역사적인 시간들이 존재할 수 있다."

하이데거는 철학자들에게서 또 횔덜린 자신에게서도 환영받지 못하던 '잊음'을 여기서 횔덜린은 식민지에의 사랑과 연결해 하나로 명명하고 이로 인해 단순히 고향(원천, 근원, 영원 혹은 영혼)을 돌아보지 않는 것으로서의 잊음에서 '과감한 잊음'으로 의미전환을 이루고 있다고 설명 한다. "과감함에는 무엇보다도 활동과 견뎌냄 안에서 중요한 모든 것에 대한 앎이 속한다. 이러한 앎으로부터, 즉 열망의 고난이란 의미의 단순한 '용기'와 달리 이러한 앎으로부터 과감함은 자신의 고귀함을 갖는다. 과감함은 아는 용기이다. 이러한 앎 안에는 과감한 자를 특징짓는, 항존성과 고요함과 돌아봄의 근거가 놓여있다. '과감한 잊음' 은 낯선 것을 경험하려는 아는 용기이며, 이러한 경험은 항상 낯선 것 안에서 고유한 것을 숙고하는 경험이다. 식민지에의 사랑 안에서 잊음의 과감성은, 고유한 것을 위해서 낯선 것 안에서 낯선 것에 대하여 배우기 위한 준비이고, 이와 같이 고유한 것을 시간의 끝에 세우기 위한 준비이다."

이렇게 시인 횔덜린은 히페리온에게, 파우스트박사에게 그리고 지금 우리에게 '식민지를 사랑'하고 더불어 '과감히 잊기를 사랑'하도록

체념한 파우스트 박사가 악마 메피스토펠레스에게 영혼을 파는 장면

요구한다. "지금 우리 앞에 명백히 놓여 있는 것은" 과감히 잊고 고향(원천, 근원, 영원)을 떠나 식민지(타지, 낯선 곳, 시간)로의 출발이기 때문이다.

시인 괴테 역시 절망한 파우스트박사를 악마 메피스토펠레스와의 계약을 맺게 함으로써 그에게 두 번째 구원의 기회 혹은 두 번째 멸망의 기회를 부여한다. 그리고 파우스트 II부에서 "순간이여, 머물러라, 너, 아름답구나"를 외친다.

3. 어머니의 사랑 : 위로

철학자도 시인도 아닌 평범한 우리 인간은 그러나 아직도 잊고 있음을 알지 못한다. 즉 기억하지 못한다. 그리고 낯선 식민지를 두려워하여 익숙한 고향 떠나기를 주저한다. 그래도 절망할 필요가 없다고 시인은 우리를 다독거린다. 사랑이 우리를 기억하게 할 것이기 때문이다. 횔덜린의 〈회상〉이란 시의 마지막 소절이다.

"그러나 바다는 기억을 간식하고, 노한 선사한다."

우리에게 기억을 선사하는 횔덜린의 바다는 괴테에게 있어서는 '영원히 여성적인 것'이다. 즉 그 무엇보다 그리고 자기 자신보다 자식을 더 생각하는 어머니의 사랑이 그레트헨을 통해 인간의 어쩔 수 없는 한계성, 유한성을 초극하려는 파우스트에게 괴테가 남긴 마지막 문장의 내용이다.

신이 모든 곳에 있을 수 없어서 보낸 사람이 바로 어머니라고 한다.

아기예수를 안고 있는 성모 마리아

교육의 성인으로 알려진 페스탈로찌에게 있어서도 어머니의 사랑은 "하느님이 내려주신 이 땅 위에서 가장 아름다운 사랑의 표현이며" 따라서 "여신이란 그녀를 두고 하는 말이다." 이렇게 어머니의 사랑을 기억한 페스탈로찌의 비문에 "모든 것을 남을 위해 바치고 자기에게는 아무 것도 남기지 않았다." 라는 글이 쓰인 것은 우연이 아닐 것이다.

에로스의 사랑과 가장 닮은 것이 어머니의 사랑이다. 왜냐하면 어머니의 사랑은 결코 빈궁하지 않기 때문이다. 어머니야말로 사랑하는 자이면서도 결코 빈곤하지 않은 자이다.

> "아! 당신의 눈 속에서 헤엄치고 있던 것, 그것은 오랫동안 제가 찾아 헤맸던 그 사랑이었습니다."

그래서 독일의 시인 하이네는 우리에게 연인에 대한 사랑이든, 친구에 대한 사랑이든 찾아 헤매지 말라고 당부한다. 우리가 비록 기억하는 것조차 잊어버렸다고 해도 절망하지 말라고 부탁한다. 왜냐하면 어머니의 사랑이 우리를 기억하게 할 것이기 때문이다. 사랑은 머문다는 것을.

"사랑은 머문다. 그래서 만약 네가 위로가 필요하다면 미래에도 사랑은 거기에 있다는 것, 그것은 확실하다. 또한 만약 네가 위로가 필요하다면 사랑은 현재 여기에 있다: 사랑은 남는다. 모든 미래의 무서움에 대항하고 있는 것이 이 위로이다: 사랑은 머문다. 그리고 모든 현재의 답답함과 무기력함에 대항하고 있는 것이 이 위로이다: 사랑은 머문다. 만약 사막에 거주하고 있는 사람을 위한 위로가 있다면 그것은 샘물이 있다는 것이고 그가 여행을 하는 한 또 다른 샘물을 만날 것이라는 것을 그가 확실히 알고 있다는 것이다: 사랑말고 더 고통스럽게 그리워하는 샘물이 있는가? 만약 사랑이 아니라면, 사랑이 거기에 영원히 머무는 것이 아니라면, 너는 얼마나 비참하겠는가!"

우리는 비참하지 않다. 사랑이 우리를 찾을 것이다. 키에르케고르의 위로처럼 사랑은 머물기 때문이다.

'초콜릿을 끓이는 물' 같은 사랑

조 구 호

식탁과 침대로는
한 번만 불러도 온다

라우라 에스끼벨

음식을 통해 사랑을 전할 수 있을까? 음식을 통해 사랑을 할 수 있을까?

멕시코 작가 라우라 에스끼벨(Laura Esquivel: 1950~)의 『달콤 쌉싸름한 초콜릿』(1989)은 요리로 사랑을 만들어내는 연금술을 행한다. 영화로도 만들어져 인기를 누린 이 소설은 가부장적 전통을 유지하던 어느 멕시코 가정의 여성이 '마술적인 요리'를 통해 사랑과 자유를 쟁취한다는 내용을 담고 있다. 어릴 때부터 뭔가를 상상하고 특이한 환상을 품어왔던 작가가 사랑과 한의 정서가 담겨 있는 요리법을 통해 한 여성의 사랑과 욕망, 그리고 고루한 가부장적 인습을 거부하면서 자유를 찾는 지난한 삶을 마술적인 묘사를 통해 절묘하게 형상화시켜 놓은 것이다. "음식과 섹스와 마법이 환상적으로 얽히고설킨 작품"이라거나 "라우라 에스끼벨은 요리를 함으로써 사랑도 하는 한 여인의 삶을 통해 강인함과 고통, 열정과 요리에 얽힌 비법들을 유머러스하게 보여준다"는 평가는 이 소설이 지닌 매력을 대변해 주고 있다.

이 소설은 가정, 요리, 여성의 육체적 갈망, 사랑, 가부장적 사회에 대한 거부, 자유 등을 다룬다. 막내딸은 어머니가 죽을 때까지 결혼할 수 없다는 가문의 전통과 가부장적 억압 구조에 갇혀 지내는 여성의 진정한 존재 이유 찾기다. 천부적인 요리사 띠따의 애절한 사랑 이야기를 '요리책' 같은 독특한 형식을 통해 관능적이면서도 유머러스하게 그려낸다. 그래서 요리법 또는 음식이 소설의 씨줄 날줄을 형성한다. 1월의 '크리스마스 또르따'부터 12월의 '호두 소스를 끼얹은 고추 요리'까지 매달 특정 음식을 정해 놓고, 요리법 음식에 얽힌 띠따의 사랑 이야기를 절묘하게 섞어 풀어나가는 형식이다. 작가는 책 표지에 '매

영화 속의 음식

영화 속의 띠따

달 다양한 요리법, 사랑, 가정에서 제조한 각종 자연약품 등을 소개하는, 열두 개의 장으로 이루어진 소설'이라는 부제를 달아놓음으로써 이 책이 지닌 특징을 설명한다. 각 장의 도입부 구실을 하는 요리에 관한 언술은 서사의 출발점 또는 '시동장치'역할을 한다. 띠따가 요리를 하게 된 동기와 하는 순간 띠따의 심리 상태, 그리고 앞으로 전개될 사건들을 이야기하기 위한 힌트가 되는 것이다. 이렇듯 띠따는 요리라는 연금술을 이용해 자신의 슬픔과 환희와 육체적 갈망과 사랑의 묘약을 음식에 집어넣는 마술을 부림으로써 타인의 몸과 마음을 움직이고 변화시킨다. 그리고 결국 요리를 통해 자신의 목적을 달성하고 완벽한 사랑과 자유를 찾게 된다.

요리, 욕망, 사랑

이 소설은 제목부터 범상치 않다. 초콜릿이라는 식재료가 등장한다. '소꼴라뜰'이라는 아스떼까어에서 유래한 초콜릿은 아스떼까 제국의 산물이다. 아스떼까 제국에서 초콜릿은 아주 값나가는 귀한 물건으로 여겨졌을 뿐만 아니라 풍부했기 때문에 어떤 때는 제국의 통화로 사용되기도 했다. 옛 문헌에는 "초콜릿은 힘이 나게 하고, 피로 회복에 도움이 되며, 쇠한 정력을 보강해 주고, 사람의 몸을 건강하게 해 준다"고 씌어 있다 제목으로 사용된 '꼬모 아구아 빠라 초꼴라떼(영어 번역본의 제목: Like water for chocolate)'의 1차적 의미는 초콜릿을 끓일 때 부글부글 끓어오르는 물 같은 상황을 의미하는데, 궁극적으로는 띠따의 격정적인 심리 상태를 나타내고 있다. 즉, 가부장적 사회와 가정의 제도적인 억압 구조, 막내딸은 어머니가 죽을 때까지 결혼하지 않고 어머니를 보살펴야 한다는 가문의 전통을 고수하려는 어머니의 딸에 대한 억압과 그에 따른 금지된 사랑, 그리고 언니 로사우라와 결혼한 뻬드로의 우유부단한 처신, 딸 에스뻬란사에게 전통을 따르게 하려는 로사우라와 띠따의 갈등 등으로 유발된 띠따의 분노를 표현한 것일 뿐만 아니라 띠따의 들끓는 육체적 욕망을 은유적으로 표현한 것이기도 하다.

띠따의 마음은 말 그대로 '초콜릿을 끓이는 물' 같았다.

이렇듯 이 소설에서 음식은 띠따의 독특한 삶과 다양한 욕망의 반영체로 작용한다. 즉, 띠따가 만들어 내는 음식은 띠따의 슬픔(눈물)을 해소하기 위해, 증오(미움)와 저주를 표출하기 위해, 사랑과 성에 대한 갈망을 표출하기 위해, 현재의 고통을 이겨내기 위해, 과거의 추억을 되살리기 위해 존재하는 것이다.

특히 '성냥 반죽'같은 요리는 진정한 자유의 모색과 내부적 열정을 표출하기 위한 수단으로 작용한다.

양파와 눈물

이 소설의 첫 줄, "양파는 곱게 다져야 한다"라는 언술은 요리와 더불어 요리를 통해 이루어지는 띠따의 삶에서 중요한 의미를 지닌다. 띠따는 임신한 어머니가 요리할 때 다지는 양파 때문에 태중에서 울고, 그 울음 때문에 예정보다 일찍 울면서 태어난다. 띠따가 태어날 때 부엌에 흘린 눈물의 양은 상당히 과도하다. 이 눈물은 씨 다른 딸을 낳은 어머니로 인한 아버지의 심장마비사(心臟痲痺死), 남편의 죽음으로 인한 어머니의 젖고갈, 어머니의 띠따에 대한 지속적인 박해의 전조다. 이 눈물에는 띠따가 평생 양파를 다져 요리를 해야 한다는 숙명이 예정되어 있다. 양파의 은유는 띠따가 자신의 운명을 직시하게 만드는 기재로 설정되어 있는 것이다. 또한 띠따가 흘린 눈물은 곧 증발하고 5킬로그램짜리 자루 하나를 가득 채울 정도의 소금만 남아 오랫동안 요리에 요긴하게 사용되었는데, 소금은 띠따의 삶에서 포괄적인 의미의 정화제로, 지식과 정신을 살찌우는 요소로 작용한다.

양파 때문에 울면서 태어난 띠따는 요리에 입문하면서 자신이 항상 다져야 하는 양파 냄새가 눈을 괴롭히는 것을 막는 방법을 터득하게 된다. "양파를 다지면서 눈물을 흘리고 싶지 않다면, 작은 양파 조각을 머리에 올려놓는다." '적을 이길 수 없으면 그 적과 친구가 되어라'는 속담이 있듯이, 양파를 머리 위에 올려놓음으로써 양파로 인한 눈물을 더 이상 흘리지 않게 된 것이다. 머리에 양파를 올려놓는 행위는 띠따의 상징적인 착관(着冠) 행위, 즉, 그녀가 부엌으로 상징되는 이 사회에서 요리사로서 자신의 소임을 발견했다는 것을 의미한다. 스페인어에 '양파를 움켜쥐다'는 표현은 '명령권을 획득하고 권위를 유지하다'는 의미다. 절묘하다. 서양에 '양파는 일곱 가지 병을 고친다' 는 속담이 있듯, 띠따는 음식을 통해 사랑과 자유를 찾고, 사람들에게 원기와 활력을 불어 넣어준다.

양파를 통해 권위를 획득함으로써 양파로 인한 눈물은 더 이상 흘리지 않게 된 띠따는 사랑의 고통으로 다시 눈물을 흘리게 된다. 어머니의 강압에 못 이겨 사랑하는 남자 뻬드로를 언니 로사우라에게 빼앗겨 버린 것이다. 언니의 결혼식 음식을 준비하던 띠따는 밀려오는 슬픔 때문에 울음을 그칠 수 없고, 눈물은 이내 '차벨라 웨딩케이크'를 만들 반죽과 케이크에 입힐 설탕물에 떨어진다. 눈물의 마법적인 효과는 음식을 맛본 모든 사람에게 전염된다. 결혼식 전날 밤 음식을 맛 본 식모

나차는 가슴에 통증을 느끼며 자기 방으로 가서 밤새 울더니 결국에는 결혼식에도 참석하지 못하고 옛 애인의 사진을 손에 든 채 뜬 눈으로 죽는다. 남편이 죽었을 때도 눈물 한 방울 흘리지 않던 어머니 엘레나도 조용히 흐느껴 울었으며, 결국에는 모든 하객이 집단적인 울음과 식중독을 일으키게 된다. 눈물은 이 괴이한 식중독의 첫 번째 증세에 불과하다. 결국 하객들은 모두 크나큰 슬픔과 좌절감의 포로가 된다. 결국 모두 옛사랑을 그리워하며 안뜰, 뒤뜰, 화장실로 흩어진다. 마법에 걸린 것 같다. 케이크를 먹고도 아무런 영향을 받지 않은 사람은 띠따 한 사람뿐이다.

여기서 띠따가 음식에 투사한 눈물은 자신에게서 앗아간 사랑이 타인에 의해 이루어지는 것을 방해하려는 '저주의 표현'이면서 잃어버린 사랑을 쟁취하기 위한 적극적인 표현으로 작용하고 있다. 이제 자신이 만들어 낸 음식이 타인의 몸과 마음을 움직일 수 있는 기재로 작용한다는 사실, 즉 요리를 통해 바깥세상과 소통할 수 있다는 사실을 자각하게 된 띠따는 음식에 자신의 욕망을 실어 타인을 적극적으로 통제하기 시작한다. 다른 사람이 먹었을 때는 눈물과 식중독을 유발하는 케이크라 할지라도 케이크를 만든 띠따 자신이 먹었을 때는 아무런 영향을 미치지 않는다는 사실은 띠따가 더 이상은 슬픔에 젖어 있지 않을 것임을, 요리를 통해 새로운 소통 구조를 구축해 가는 과정에서 주도적인 역할을 하게 될 것임을 암시한다.

영화에서 띠따가 음식을 만드는 장면

음식, 성욕

영화 속의 빼드로

빼드로와의 대면에서 띠따가 느낀 성적 감흥은 끓고 있는 기름에 부뉴엘로 반죽을 집어넣었을 때처럼 표현된다. "그 느낌이 팔팔 끓는 기름에 부뉴엘로 반죽을 집어넣었을 때 반죽이 경험한 것과 같을 거라는 사실을 완벽하게 이해"한 것이다. '부뉴엘로 반죽'처럼 온 몸을 뜨겁게 달구는 짜릿한 사랑을 체감한 띠따는 본격적인 요리 마술을 부리기 시작한다.

3월 어느 날 빼드로는 띠따에 대한 욕망이 개입된 장미꽃을 띠따에게 선물한다. 빼드로와 띠따의 '위험한' 관계를 알고 있던 어머니가 장미꽃을 버리라고 했으나, 장미꽃이 눈부시게 아름다웠을 뿐만 아니라 난생 처음 꽃을, 그것도 다름 아닌 빼드로에게 받은 것이기 때문에 띠따는 어머니의 명령을 거부한다. 띠따가 장미꽃을 힘껏 끌어안자 가시가 손과 가슴을 찌르고, 띠따의 들끓는 욕망과 뜨거운 사랑이 함유된 피가 꽃에 묻으면서 원래 '분홍색'이던 꽃이 '빨갛게'변해 버린다. 여기서 꽃 색깔의 변화는 장미의 꽃말이 의미하는 바처럼, '사랑의 맹세(분홍색)' 가 '진실되고 열정적인 사랑 (빨간색)'으로 완성될 것을 암시한다. 띠따는 식민지 이전 시대의 전통 요리법에 따라 장미꽃잎으로 요리를 만들라는, 죽은 나차의 환청을 듣고는 빼드로와 사랑을 교환하기 위해 장미꽃잎을 장식한 '폭발적인' 요리를 준비한다. 띠따는 결연한 동작으로 메추리의 목을 비튼 뒤 장미꽃잎을 찧어 만든 기름을 넣은 요리를 만들어 식구들에게 대접한다. 이렇게 탄생한 '장미꽃잎을 넣은 메추리 요리'는 먹는 이의 쾌락을 자극할 뿐만 아니라 몸과 마음의 변화를 일으키게 만드는 요인으로 작용한다. 음식을 맛본 뻬드로는 "이런 쾌락은 신들이나 느낄 수 있는 거예요"라고 극찬한다. 뻬드로의 반응을 확인한 띠따의 몸에 연금술 같은 작용이 일어나 그녀의 존재 자체가 장미 소스, 메추리 고기, 포도주, 음식 냄새 속으로 스며들어 녹아내린 것처럼 변한다. 그리고 불끈 달아오른 띠따는 장미향을 풍기며 도발적으로, 관능적으로 뻬드로의 몸으로 파고든다. 뻬드로는 열정적으로, 탐욕적으로 띠따의 종아리부터 시작해 온 몸을 애무하고, 뻬드로의 애무를 받고 있는 띠따의 말은 목구멍에서 뒤엉켜 밖으로 나오기도 전에 그냥 사그라진다. 여기서 띠따와 뻬드로가 정신적 · 육체적으로 더욱더 밀접한 관계를 유지하게 된 이유는 바로 맛(음식)과 쾌락(성적 접촉)이 상보작용을 하기 때문이다.

항상 반항적인 생활을 하면서 욕망의 실현과 자유를 꿈꾸던 언니 헤르뚜르디스의 몸 또한 장미꽃잎을 넣은 메추리 요리를 먹고 급격한 변화를 일으킨다. 다리에서부터 후끈한 열기가 올라오고, 몸의 가운데 부분이 간질거려서 의자에 제대로 앉아 있을 수조차 없게 된다. 발신자 띠따와 수신자 뻬드로가 발견한 새로운 소통 방식에서 제3자인 헤르뚜르디스의 몸이 이처럼 특이한 성적 메시지가 함축되어 있는 '운 좋은' 매개체로 변한 것이다. 헤르뚜르디스의 몸은 분홍색 땀을 흘리고, 그윽하고 달콤한 장미향을 풍긴다. 헤르뚜르디스는 육체의 열정을 식히기 위해 집 뒤뜰에 마련된 샤워장에서 몸에 차가운 물을 끼얹지만 물방울은 살에 채 닿기도 전에 증발해 버린다. 그녀의 관능성이 너무 강하기 때문에 물마저도 그녀의 리비도적 욕망을 잠재울 수 없게 된 것이다. 몸에서 발산된 열기로 나무판자가 뒤틀리면서 불이 붙어 샤워장이 불타고, 욕정을 못이긴 헤르뚜르디스는 결국 집을 떠난다. 마술적 묘약인 사랑은 헤르뚜르디스를 감염시켜, 그녀의 몸은 뇌쇄적이고 거부할 수 없는, 사람을 흥분시키는 장미향을 계속해서 발산하고, 그

향기는 아주 멀리까지 퍼져 나간다. 헤르뚜르디스가 들판을 가로지르며 뛰어가고 있을 때 혁명군 후안 알레한드레스 대위가 멀리서 장미향을 맡고 유혹을 못 이겨 찾아오는데, 여기서 우리는 헤르뚜르디스의 몸이 지닌 이중적 상징성을 포착하게 된다. 사실 인간이 음식에 매혹되는 첫 번째 단계는 냄새 때문이라고 할 수 있는 바, 장미향을 풍기는 헤르뚜르디스의 몸 자체가 이미 하나의 '매혹적인 음식' 으로 변했다는 것을 암시하고 있는 것이다. 음식을 먹은 헤르뚜르디스 자신이 욕망의 주체가 되지만, 음식과 마찬가지로 욕망의 대상이기도 하다는 점이 이를 증명하고 있다. 결국, 욕망의 대상을 발견한 대위는 나체 상태의 헤르뚜르디스를 말에 태우고 가면서 섹스를 한다. 전력질주하면서 어렵사리 첫 번째 결합을 이루었을 때는 말의 움직임과 두 사람의 움직임이 하나가 되어 구분조차 되지 않는다. 이렇게 해서 가부장적 권위가 지배하는 '집', 즉, 육체적 욕망의 발현과 자유가 통제되던 닫힌 공간에서 탈출한 헤르뚜르디스는 사랑하는 남자의 말을 타고 가면서 육체의 갈증을 해소함으로써 새로운 자유를 찾게 된다. 장미향이 어찌나 진했든지 불이 난 지 수많은 세월이 흐르고 샤워장이 있던 곳이 아파트 주차장으로 변했는데도, 그 곳에는 아직도 장미향이 가득하다고 화자가 회고하듯, 육체적 욕망에 휩싸인 한 여자의 몸에서 나는 장미꽃 냄새는 혁명 전쟁의 화약 냄새보다 더 강하고 지속적이었던 것이다.

그렇다면 여기서 장미꽃과 메추리는 어떤 의미로 작용하고 있는가?

앞서 밝혔다시피 장미가 강렬한 사랑의 메시지라는 데는 의심할 여지가 없으나, 그리스도의 피가 장미로 변했다는 성서적 유추를 통해 볼 때, 장미는 희생과 부활의 증거, 즉 '삶의 잔'을 의미하기도 한다. 차이코프스키가 작곡한 '성사곡(聖思曲)'에는 "만백성 죄를 위하여 가시관 쓰신 이마에 그 붉은 장미꽃 같은 보혈의 피 흘리셨네"라는 노랫말이 있다. 붉은 장미꽃이 죄에서 인간을 구원해 주는 기독교적 메시지를 상징적으로 전해 주고 있는 것이다. 따라서 붉은 장미꽃에는 이제 과거의 순응적이고 유약한 모습을 탈피해 보다 더 적극적인 방식으로 자신의 사랑과 자유를 쟁취하겠다는 띠따의 의지가 반영되어 있음을 알 수 있다.

띠따가 메추리를 선택한 데는 거부할 수 없는 이유가 있는 것처럼 보인다. 메추리는 봄 축제의 사랑의 유희들과 연관성이 있으며, '메추리처럼 뜨겁다'는 말은 '사랑의 열기(갈망: 흥분)로 가득 차 있다'는 뜻으로, '초콜릿을 끓일 때의 물처럼' 뜨겁게 달아오른 상태를 의미한다. 어둠의 신 아르테미스와 사랑과 빛의 신 아폴로의 섬 '오르티기아'는 '메추리의 섬'으로, 이 두 신의 결합은 남성성과 여성성의 결합, 하늘과 땅의 결합을 상징한다. 이렇듯, 띠따가 뻬드로와 자유롭게, 뜨겁게 사랑의 유희를 실행하려는 의도가 함축된 메추리는 띠따의 성적인 갈망과 자유의 상징으로 기능한다. 띠따가 자신이 느낀 고통, 영혼의 균열, 그리고 삶을 옥죄던 강압을 메추리 요리를 통해 풀어 놓고 있는 것이다.

4월의 '아몬드와 참깨를 넣은 칠면조 몰레' 역시 띠따와 뻬드로에게 사랑의 묘약으로 작용한다.

우선은 질냄비 부딪히는 소리, 노르스름하게 익어가는 아몬드 냄새, 요리하면서 흥얼거리는 띠따의 달콤한 목소리가 뻬드로의 성적 본능을 자극한다. 띠따의 젖가슴이 아몬드와 깨를 으깨는 몸의 움직임에 따라 춤을 추고, 목에 맺힌 굵은 땀방울이 탱탱한 젖가슴 사이 깊은

계곡으로 흘러내리는 가운데 부엌에서 풍겨오는 강렬한 냄새가 뻬드로를 매혹시킨 것이다. 이어 뻬드로의 시선은 띠따의 젖가슴을 찾고, 두 사람의 육체는 아몬드, 깨와 뒤섞여감에 따라 뜨겁게 달아오른다. 띠따 또한 뻬드로에 대한 욕망으로 자신의 몸이 변화되는 이치를 비로소 깨닫게 된다. 모든 물질이 불에 닿으면 변하는 이유가 무엇인지, 평범한 반죽이 왜 또르띠야가 되는지, 불같은 사랑을 겪어 보지 못한 가슴은 왜 아무런 쓸모도 없는 반죽 덩어리에 불과한 것인지 알게 된 것이다.

요리가 사랑의 매개체로 기능함으로써 사람의 몸과 마음을 변화시킨다는 사실을 터득하고서 요리를 통해 자신과 뻬드로의 교감이 활성화되기를 바라던 띠따는 시인이 단어로 유희를 즐기듯 양념과 양을 마음대로 조절해가며 멋진 요리를 만드는 유희를 즐긴다. '훌륭한 음식은 사랑으로 탄생하고, 사랑은 음식의 맛을 배가 시킨다'는 요리 철학을 유감없이 발휘한 것이다. 그러자 특이한 현상이 나타난다. 몰레를 먹은 후에는 모두 행복감에 도취해 웃고 떠들며 유별나게 즐거워한 것이다. 혁명전쟁으로 도처에 굶주림과 죽음의 위협이 도사리고 있었건만, 그 순간만큼은 마을에서 수많은 총탄이 날아다니고 있다는 사실을 애써 잊어버리려는 것만 같다. 사랑이라는 묘약이 전쟁의 공포마저 이기게 하는 기재로 활용되고 있는 것이다.

아몬드와 참깨는 고소할 뿐만 아니라 노화방지에 탁월한 효과가 있다고 한다. 우리나라의 된장이나 고추장에 비교될 수 있는 몰레를 만들 때는 반드시 참깨를 넣는데, 이로 인해 '약방에 감초'라는 의미의 '몰레에 참깨'라는 속담이 등장할 정도로 몰레는 인기 있는 소스다. 멕시코가 원산인 칠면조 요리는 성탄절 저녁식사에 오르는 전통 음식으로, 아몬드와 참깨를 넣은 칠면조 몰레를 먹은 사람들이 행복감에 도취해 있는 상태는 음식에 뻬드로의 사랑을 얻으려는 띠따의 묘약이 첨

가되어 유발된 것이라 할 수 있다.

12월의 '호두 소스를 끼얹은 고추 요리' 또한 '장미꽃잎을 넣은 메추리 요리'처럼 성욕을 촉발하는 요소로 작용하고 있다.

띠따가 친딸처럼 사랑하는 질녀 에스뻬란사와 띠따에 대한 사랑을 이루지 못한 존 브라운 박사의 아들 존의 결혼식을 위해 띠따가 만든 고추 요리는 외양과 맛이 가히 일품이어서 하객들이 게 눈 감추듯 먹어 치운다. 요리를 입에 넣는 순간 크나큰 슬픔과 좌절감을 느끼는 대신, 헤르뜨루디스가 장미꽃잎을 넣은 메추리 요리를 먹었을 때와 비슷한 감정을 경험한다. 이번에는 헤르뜨루디스가 맨 먼저 그런 증상을 느낀다. 헤르뚜르디스는 음식을 먹은 즉시 가랑이 사이가 후끈 달아오르면서 몸 한가운데가 간질간질해지고 음탕한 생각이 떠올랐기 때문에 남편과 함께 어느 후미진 곳으로 향한다. 이렇듯, 이 음식은 모든 사람들에게 사랑을 하고픈 욕망을 불어넣어 모두 사랑을 하러 급히 자리를 뜬다. 다들 강, 계단, 욕조, 온실, 약국 판매대, 옷장, 나무숲을 가리지 않고 아무 데서나 사랑을 하는데, 화자가 "그날 인류 역사상 가장 많은 창조가 이루어졌다"고 기술하다시피, 이 음식이 유발한 성욕은 띠따와 뻬드로에게도 대단히 참기 어려운 것이 된다. 띠따와 뻬드로가 성욕을 드러내지 않기 위해 엄청난 노력을 기울였으나, 그 힘이 워낙 강해 그들의 피부 벽을 뚫고 나와 열과 특이한 체취로 발산된 것이다. 성욕에 휩싸인 두 사람은 최후의 자유로운, 완벽한 사랑을 나누기 위해 농장 오두막으로 향한다.

영혼의 양식 '성냥 반죽'

6월의 장에 등장하는 '성냥 반죽'은 실제로 먹을 수 있는 요리라기보다는 이 소설에서 인간의 자유정신을 상징하는 기재로 활용된다.

가족의 '부끄러운' 전통에 의해 뻬드로와 사랑을 이루지 못한 가운데 어머니와의 심각한 갈등 때문에 충격을 받아 말을 잃고 음식을 거부하던 띠따는 자신을 억압하던 집을 떠나 브라운 박사의 보호 아래 놓이게 된다. 가문의 주치의로, 봉사정신이 강하고, 차분하고, 이해심 있고, 사근사근하고, 다정다감한 존 브라운 박사는 띠따를 사랑하게 되고, 인디언 혈통의 할머니 '새벽빛'으로부터 얻은 초자연적인 지식을 띠따에게 쉽게 설명해줌으로써 띠따가 진정한 자유를 찾도록 도와준다. 이 소설의 대미를 장식하는 장치로 설정되어 있는 '새벽빛'의 성냥에 관한 이론을 들어 보자.

> 우리 모두 몸 안에 성냥갑 하나씩을 가지고 태어나지만 혼자서는 그 성냥에 불을 붙일 수 없다고 하셨죠. 방금 한 실험에서처럼 산소와 촛불의 도움이 필요하다는 거예요. 예를 들어, 산소는 사랑하는 사람의 입김이 될 수 있어요. 그리고 촛불은 푹하고 성냥불을 일으켜줄 수 있는 양식, 음악, 애무, 언어, 소리가 되겠지요. (중략) 사람들은 각자 살아가기 위해 자신의 불꽃을 일으켜줄 수 있는 기폭제가 무엇인지 찾아야만 해요. 그 기폭제 가운데 하나에 불이 붙으면서 생기는 연소 작용이 영혼의 에너지를 채워주기 때문이죠. 다시 말해 연소 작용은 영혼의 양식이에요. 자신의 불을 지펴줄 기폭제를 제 때 찾아내지 못하면 성냥갑이 축축해져서 한 개의 성냥불도 켤 수 없게 되죠.

사랑을 통해 영혼을 살찌우라는 '새벽빛'의 이론, 즉, 성냥불을 붙이는 데 필요한 산소를 사랑하는 사람의 입김으로, 기폭제인 촛불을 사람이 살아가는 데 필요한 양식, 음악, 애무, 언어, 소리로, 연소 작용을 영혼의 양식으로 비유한 작가의 상상력은 사뭇 기발하다. 더불어, 띠따의 영혼을 살찌우는 요소로 작용하고 있는 '성냥 반죽'이 열두 개의 장으로 이루어진 이 소설의 여섯 번째 장에 위치한 것도 큰 의미가 있다. '새벽빛'의 이론을 통해 주변 환경과 자신의 존재 방식을 변화시킬 수 있는 강력한 에너지를 얻게 된 띠따가 어머니에게 반항하면서 차근차근 독립적인 여성으로 변해감으로써 뻬드로와의 사랑을 완성시킬 준비를 하게 된다는 것을 암시하는 장치인 것이다. 사실, 그 동안 띠따는 어머니가 설정한 규범을 적극적으로 파기하지 못한 채 은밀하게, 은유적으로 자신의 존재 방식을 표출해 온다. 즉, 띠따 자신의 성냥은 이미 축축해지고 곰팡이가 가득 슬어 있으며, 더 안타까운 것은 그 불씨를 일으켜줄 수 있는 사람이 누구인지 알고 있는데도 성냥에 불이 붙으려고 할 때마다 불이 가차 없이 꺼져 버리는 상태에 처해 있었던 것이다. 결국, 띠따는 그 동안 억눌러 온, 아니 은밀하게 분출시키던 욕망을 '폭발적으로' 터뜨릴 준비를 하게 되는데, 띠따를 사랑하지만 정작 띠따 자신의 동의는 얻지 못하고 있던 존 브라운 박사의 설명은 띠따가 육체의 '해탈'을 통해 진정한 자유를 완성하게 되는 길이 어떤 식으로 펼쳐질 것인지 암시한다.

> 물론 성냥을 하나씩 켜도록 극히 주의해야 해요. 아주 강한 흥분을 느껴 우리 몸 안에 있는 모든 성냥이 한꺼번에 타오르면 강렬한 광채가 일면서 평소 우리가 볼 수 있는 것 이상을 비추게 되고, 우리가 태어나면서 잊어버렸던 길과 연결된 찬란한 터널이 우리 눈앞에 나타나 우리가 잃어버린 신성한 근본을 되찾으라고 우리를 부를 거예요. 영혼은 축 늘어진 육체를 남겨둔 채 왔던 곳으로 되돌아가고 싶어 할 테고요…

어머니가 죽음으로써 억압 구조에서 탈피하게 된 띠따는 존 브라운 박사의 청혼을 거절한 뒤 친딸처럼 사랑하는 질녀 에스뻬란사를 존 브라운 박사의 아들과 결혼시킴으로써 가문의'부끄러운 전통'을 폐기한다. 결혼식 날 신랑 신부와 하객들이 '호두 소스를 끼얹은 고추 요리'를 먹고 불같은 사랑을 하러 떠난 뒤 양초 250개가 켜져 있는 '어두운 방'으로 들어간 띠따는 뻬드로와 완벽하게 둘만 남아 아무런 거리낌도,

장애도, 억압도 없이 자유롭게 완벽한 사랑을 하고, 뻬드로는 극도의 감동과 쾌락으로 죽고 만다.

띠따는 침대 시트를 잡아당긴 뒤 성냥을 음식처럼 집어 삼키기 시작한다. 성냥을 씹을 때마다 두 눈을 꼭 감은 채 뻬드로와 공유한 감동적인 기억들을 되살린다. 그리고 처음으로 받은 그의 뜨거운 눈길, 그의 첫 손길, 첫 장미꽃 선물, 첫 키스, 첫 애무, 내밀한 첫 관계를 복원하고 원하는 것을 이룬다. 씹고 있던 성냥이 기억속의 이미지와 접촉하자 드디어 성냥 꼬투리에 불이 붙은 것이다. 불은 차근차근 촛불들과 합쳐지고 결국에는 격정에 휩싸여 있는 두 연인에게 번진다. 그 순간 불길에 휩싸인 뻬드로와 띠따의 몸에서 환한 불꽃이 치솟고 두 사람은 터널에서 만난다. 새벽빛의 이야기에서 예견되었듯, 성냥불은 두 사람을 빛의 터널로 이끌어, 터널 속에서 두 사람은 신성한 근본으로 회귀하고, 다시 태어나 영원히 함께 살게 된다.

띠따가 성냥을 집어삼키는 행위는 한꺼번에 불이 붙어 연소되는 성냥불의 특성과 관련이 있는데, 이는 띠따가 완벽한 사랑과 자유를 단번에 이루고 에덴을 향해 가는 행위의 극적인 완성도를 높이기 위한 것일 뿐만 아니라, 이 소설이 작가의 유토피아적 상상력에 기반하고 있기 때문이라고 평가할 수 있을 것이다.

요리, 여성의 정체성

라우라 에스끼벨은 이미 존재하는 언어나 상징 질서로는 재현이 불가능한 여성성이 드러날 수 있는 글쓰기에 천착하려고 노력함으로써 여성적인 가치, 즉 내밀한 삶, 사적인 세계와 관련된 것을 문학적으로 형상화시켜 놓는다. 하지만, 물론, '직접적인 방법'으로 여성 해방을 부르짖지도 않으며, 줄거리의 틀을 잡는 장치로 소위 '의식화 전략'을 차용하지도 않는다. 한 여성이 특정 사회에서 자연스럽고, 정상적이며 바람직하다고 인정되는 것에 도전하고, 자신의 잠재성을 실현할 기회를 보다 많이 가질 수 있도록 기존 세상과 남녀 관계를 변화시키고, 결국은 삶에 대한 통제권을 자신에게 줌으로써 진정한 자유를 모색하는 모습을 보여주고 있는 것이다. 따라서 띠따가 자신의 정체성과 자유를 찾아가는 과정에 개입된 요소들이 지닌 의미에 대한 분석은 이 소설의 가치를 평가하는 데 대단히 유효하다고 할 수 있을 것이다.

앞서 언급했듯이, 이 소설의 주요 무대는 전통을 고수하고자 애쓰는 가부장적 어머니가 지배하는 한 가정이다. 아니 한 가정의 부엌이다. 그리고 이 소설의 제재는 요리다. 부엌은 외관상 여성에 대한 억압이 실행되는 공간처럼 보이지만 여기서는 여성 특유의 창조적 자유가 실현되는 특성을 지니고 있다. 부엌에서 태어난 띠따는 충실하고 믿음직한 '친구' 나차에 의해 부엌에서 길러지기 때문에 이 소설의 기반이 되고 있는 요리의 비밀과 맛을 요람에서부터 알아가면서 요리를 통해 삶의 지혜를 터득하고 사랑을 쟁취한다. 그녀가 향유하는 제한적인 삶의 즐거움은 요리를 통해 가족애를 실현함과 동시에 식구들을 통제하는 것이다. 띠따의 공간이 부엌이기 때문에, 부엌의 여주인은 바로 띠따이기 때문에 사랑의 행위가 이루어지는 곳도 바로 부엌이다. 이렇듯 부엌은 식구들이, 특히 여자들이 모이는 공간으로, 식구들은 부뚜막의 열기 속에서 대화를 하고 종족의 모든 의식이 세대를 이어 전파된다.

그렇기 때문에 전통적으로 소외되고 억압된 여성의 상징이랄 수 있는 공간, '부엌'도 이 소설에서는 결코 음울하거나 폐쇄적이거나 소극적 공간으로 설정되어 있지 않다. 오히려 여성들이 가장 잘 파악하고 있는 소재를 이용해 능란한 솜씨로 자신들만의 '무기'를 만들어낼 수 있는 해방구이자 창조적 작업 공간으로 작용하고 있다. 이렇듯 띠따에게 부엌은 마술적이며 창조적인 공간이며, 보르헤스의 도서관처럼 복합적이고 열린 공간이다. 한 마디로, 상호텍스트적인 공간이다.

'에로스'와 '창조성'은 이 소설과 띠따의 존재 이유를 증거하는 요소들 가운데 가장 두드러지는 것이다. 자신이 만들어낸 요리에 자신의 심리 상태를 투영할 수 있는 능력이 있고, 이를 통해 요리를 먹는 사람들에게 영향을 미칠 수 있는 요리 마술사 띠따는 요리에 에로틱한 창조성을 발휘함으로써 자신의 사랑을 쟁취하고, 자유를 얻는다. 이런 점은 띠따가 자신에게 굴레로 작용하는 세상의 모든 억압 구조를 이겨낼 수 있는 요소로 작용한다. 결혼을 한다든가 자식을 낳아 가정을 일구는 전통적인 제도를 거부한 채 요리에 창조적 상상력을 발휘해 자신의 의지를 구현함으로써 진정한 사랑과 자유를 쟁취하는 띠따의 모습은 한 여성의 정체성 찾기 과정에서 가장 은밀하면서도 절묘하다. 사실 요리는 단순히 삶의 가장 기본적인 필요를 완수하기 위한 것일 뿐만 아니라 대단히 많은 의미를 지니고 있는 고귀한 예술이며 의식이다. 우주와 결합하는 의식이다. 거대한 쾌락이다. 라우라 에스끼벨은 요리를 글쓰기의 대위법(對位法)으로 이용한다. 테라피로도 이용한다. 대위법이나 테라피에는 항상 사랑이 존재한다. 사랑은 모든 것에 의미를 부여한다. 사랑은 두 가지를 하나로 만드는 것이다. 그리고 사랑은 정확히 부엌에서 그것을 한다. 세상을 구성하는 모든 요소를 이용하고, 그 요소들과 유희를 하고, 사랑을 바탕으로 그 밖의 사람들이 나중에 섭취하게 될 유일한 물건 하나를 만든다.

인간을 우주와 결합시키는 요리, 글쓰기라는 창조적 작업의 원천이 되는 요리, 사람의 영혼과 몸을 치유하는 요리, 모든 것을 가능케 하는 사랑이 집약된 요리를 통해 발현되는 띠따의 모성본능은 이 소설에 내포되어 있는 여성성의 대표적인 경우다. 띠따는 로사우라의 아들 로베르또에게 진정으로 체험하고 싶어 하던 모정을 투여하는데, 가문의 전통에 따라 결혼할 수도, 임신할 수도 없다는 사실을 알게 된 띠따가 조카 로베르또를 친아들처럼 생각함으로써 젖이 나오게 된 것이다. 처녀의 유방에서 젖이 나오는 초자연적인 현상은 띠따가 지닌 강한 모성 본능이 유감없이 드러난 경우다. 여기서 젖은 갓 태어난 자식에게 어머니가 줄 수 있는 최고의 요리를 상징한다. 손으로 만든 것이 아니라 온 몸으로, 영혼으로 만든 요리의 정수이기 때문이다.

소설의 시간적 배경이 되는 20세기 초반의 멕시코 현실은 마초적 사회, 억압적인 사회였다. 그 사회 안에서 여성의 사회적 역할은 복종하는 것이었다. 이 소설에서 노출되는 갈등 구조는 바로 위와 같은 사회에서 비롯되었다고 할 수 있다. 특히 어머니와 띠따의 갈등 관계는 띠따가 태어나면서부터 어머니가 죽을 때까지 지속된다. 여기서 같은 여성인 어머니가 가부장적 권위를 지니도록 설정한 것은 띠따의 존재 이유를 더욱 더 선명하게 부각시키려는 의도로 파악된다. 남성의 억압에서 여성이 탈피한다는 것보다 훨씬 더 진일보한 것이기 때문이다. 그렇기 때문에 띠따는 어머니의 삶을 이해하고 어머니의 명령을 따르기보다는 삶과 자유와 부정의와 금지되어 있는 것들로부터 도피하지 않는다. 자유로워지고 싶은 욕망, 어머니의 강압과 선동으로부터 탈출해 진정으로 자신을 드러내고 싶은 욕망을 느끼기 때문이다. 띠따가 고루한 가족의 전통과 어머니의 명령을 거부하고, 가족의 전통을 폐기시키기 위해 열성적으로 뻬드로와 로사우라를 설득해 결국 아이 이름을 에스뻬란사(희망)로 정하고, 또르띠야 조각을 아주 작은 부스러기가 될 정도로 잘게 찢어 버림으로써 분노를 삭이고, 뻬드로와 로사우라의 사이를 벌여놓기 위해 로사우라가 소화불량에 걸려 지독한 입냄새를 풍기도록 음식을 통해 새로운 마법을 선보인 것은 진정한 자유를 찾기 위한 고뇌어린 행위라고 할 수 있다. 결국, 에스뻬란사와 존의 아들 알렉스를 결혼시킴으로써 삶의 진정한 승리를 거두고, 결혼식이 끝난 뒤 뻬드로와 완전한 사랑을 하고 함께 산화해 터널 속으로 들어감으로써 띠따의 욕망, 사랑, 자유는 완성된다. 막내딸은 결혼할 수 없다는 전통을 거부하던 띠따가 관습과 전통에 따른 의례적인 결혼 대신 육체와 영혼이 진정으로 교합하는 결혼을 선택했다는 것은 띠따의 정체성 찾기 작업의 꽃이라 할 수 있다.

이 모든 과정에서 드러나는 한 가지 특징적인 사실은 남성인물들의 역할이다. 이들은 띠따를 비롯한 여성인물들이 독자적인 삶을 전개해 나가는 데서 보조적인 역할만을 담당하고 있다. 다수의 남성 인물이 등장하지만, 소설 속에서 차지하는 비중은 '음식의 양념거리' 정도에 불과하다. 주요 인물인 뻬드로의 경우도 거의 대부분 우유부단하고 수동적인 인물로 등장하고, 띠따에게 영혼을 살찌우는 성냥불 얘기를 해 줌으로써 띠따가 독립적 존재로 자리매김하는 데 기여한 존 브라운 박사도 실제로는 할머니 '새벽빛'의 이론을 전달해 줄 뿐 정작 띠따에 대한 자신의 사랑은 이루지 못하는 것이 이를 증명한다.

결론적으로 말해, 한 여성이 에로틱한 상상력을 결부시킨 요리의 연금술을 통해 한 사회를 변화시키고 자신의 존재 이유와 사랑, 자유를 찾는다는 것이 이 소설이 지닌 진정한 매력이라 할 수 있을 것이다.

요리, 사랑의 연금술

누구든 요리 비법에 관해 말할 때는 상상력이 자극되고 감각이 살아나는 것을 느끼게 된다. 인간이 지닌 욕망 가운데 식욕이 가장 원초적이고 중요하기 때문이다. 요리라는 것이 연금술과 동일하기 때문이다. 이 소설에서 요리는 현실에서 꿈으로, 꿈에서 즐거운 프라이팬으로 이끌어주는 실종된 길이고, 상상력을 자극해 주는 최음제고, 냄새와 이미지와 언어를 이어주는 교량이다. 음식을 조리해서 먹는 행위를 통해 우리는 사라져가고 있는 의식(儀式)들을 회복할 뿐만 아니라, 진정한 연금술사 또는 접신행위나 씻김굿을 행하는 무당처럼 행동하게 된다. 한마디로, 우주와 우리 사이의 결합을 시도하는 것이다. 작가가 식욕과 관련된 다양한 욕망의 구조를 띠따라는 한 여성을 통해 발현시켜 놓은 이유가 바로 여기에 있다. 요리를 통해 구현되는 띠따의 미학적인 면모는 인간의 본성과 자유, 권리를 억압하는 온갖 고루한 전통과 싸우는 여성이라는 점이다. 요리라는 연금술에 창조적 상상력을 발휘함으로써 자신의 욕망을 실현하고, 사랑을 쟁취하며, 자유를 회복하기 위해 투쟁하는 띠따는 자신의 삶을 우리에게 관능적으로 전함으로써 영원한 평화와 행복을 성취해 내고 있기 때문이다.

요제프 어띨러의 사모곡

진 경 애

1. 헝가리 : 유럽에서도 먼 나라

요제프 어띨러

한국에는 지난 세기 이데올로기와 체제적 갈등 때문에 헝가리 문학이 제대로 알려지지 않았다. 19세기 낭만적 혁명주의의 대표시인으로 세계적 명성을 얻은 페퇴피 샨도르(1823-1849)의 경우만 하더라도 북한에서는 전집이 출판될 정도로 많이 알려졌지만 한국에서는 시 번역도 몇 편 소개되지 않았다. 공산주의 체제에서 우상과 같이 주목을 받는 시인이 되었기 때문이다. 체제 갈등의 요인이 사라진 21세기가 시작되었고, 다양한 세계 문학 소식이 쏟아지고 있지만 헝가리 문학소식은 한국에 여전히 가물다. 한국과 헝가리 사이에 놓여있는 지리적, 문화적 거리도 이유이지만 헝가리 언어의 고립성도 큰 이유가 된다.

헝가리 민족은 우랄산맥 동쪽에서부터 서쪽으로 이동을 해 오다 896년 유럽의 비옥한 칼파탄 분지에 정착했다. 그들은 이 땅에 정착하기위해 이교도적인 삶과 유목 생활방식을 포기하는 대신 가톨릭을 받아들이고 사회적 법 제도와 문화를 받아들였다. 아시아 민족으로 유럽에 뿌리를 내린다는 것은 그야말로 각고의 노력이 필요한 일이었다. 지금까지 1000년의 헝가리 역사는 유럽에서 생존하기 위한 고군분투의 시간이었던 것이다. 유럽 문화에 완벽하게 동화되기 위한 노력과 완전히 사라지지 않도록 자신들의 정체성을 지켜나가는 것, 이 두 가지 과제는 항상 그들이 이 땅을 살아가는데 갈등을 일으키는 잠재 요인이었다.

그들이 유럽에 정착한 후, 정착 이전의 자취는 변변한 기록 하나 남아 있지 않을 정도로 거의 모두 사라졌다. 헝가리 민족마저 여러 번의 전쟁과 타민족 유입으로 희석되었다. 그러나 1000년의 세월이 흐른 뒤에도 그들의 언어 마자르어는 현대 유럽 헝가리인들의 삶에 살아 숨쉬는 언어로 존재하고 있다. 유럽 대부분의 지역을 차지하고 있는 인도유럽어와 슬라브어파 민족들 사이에서 '언어의 섬'을 이루면서도 그 험난한 역사를 살아남은 것이다. 마자르어는 유럽에서 '악마의 언어'라고도 불리는데 이웃 국가 민족들이 마자르어에서 느끼는 언어적 이질성을 잘 드러낸 표현이다.

재미있게도 헝가리 사람들은 한국 사람들과 마찬가지로 자국의 훌륭한 문학 작품들이 세계에 잘 알려지지 않는 이유는 타언어로 번역이 불가능하기 때문이라고 성토를 하곤 한다. 헝가리 시학의 독특한 성격 때문에 그 번역될 문학작품이 시라는 장르라면 문제의 심각성은 말할 것도 없다.

헝가리 시학을 이루는 요소는 그리스 로마 시학, 유럽의 운(rhyme),

헝가리의 민요적 특징, 이렇게 크게 세 가지로 구분할 수 있다. 첫 번째, 그리스 로마 시학은 유럽 문학의 고전이다. 유럽에 정착한 헝가리는 이에 부합하기 위해 그 어떤 타언어보다 엄격하게 고전 형식을 중시했다. 언어적으로 장모음과 단모음을 가지고 있기에 가능한 일이었다. 두 번째, 유럽 시학의 특징인 운 또한 헝가리 시학에 커다란 영향을 미쳤다. 이 두 시학을 떠나서는 헝가리 시학이 기초할 수 없었을 것이다. 그러나 이 둘만으로 헝가리의 시학을 완성했다고 할 수 없었을 것이다. 왜냐하면 마자르어는 유럽이 그 고향은 아니었기 때문이다. 헝가리 시학을 완성하는 그 세 번째 요소는 바로 헝가리 민요다. 억양에서 오는 강약을 이용한 시학으로, 마자르어에 담겨있는 그들의 정체성이며, 그들이 멀리 떠나온 동쪽으로의 향수다. 이 세 가지 요소는 근대에 와서는 서로 영향을 주어 독특한 헝가리 시학 형식을 창조하기도 하였다.

이러한 이유로 헝가리인들은 호메로스의 오디세이를 가장 오디세이답게, 보들레르의 시를 가장 보들레르답게 헝가리어로 번역할 수 있었다고 자부하는 것이다. 그러나 헝가리 대표적인 시인들의 작품들이 외국어로는 전혀 그답게 번역될 수 없다는 사실이 한탄스러울 수밖에 없다. 이 세 가지 시학적 요소를 모두 충족시킬 수 있는 언어는 마자르어 외에 존재하지 않기 때문이다.

2. '헝가리 현대 시의 고전' 요제프 어띨러 (József Attila, 1905-1937)

요제프 어띨러는 한국에 거의 알려지지 않았지만 유럽 세계 여러 나라에는 이미 오래전부터 많이 소개되었다. 그는 가난했고 젊은 나이에 요절한 천재시인이었다. 그의 천재성은 일찍이 눈에 띄었지만 그의 작품은 당대 문학계에서 쉽게 외면당했다. 그의 작품은 아방가르드파들에게는 너무나 형식적이었고, 민족주의자들에게는 너무나 도회적이었으며, 공산주의자들에게는 너무나 민족주의적이었다. 그의 작품은 그가 죽은 지 3일 만에 예수처럼 부활했다. 천재시인을 잃었다는 애도의 물결과 함께 전국문학계 모든 비평가들은 그의 작품이 얼마나 아방가르드적이며, 민족적이며, 공산주의에 부합하는가를 앞다투어 논평하였고 서로 자신의 진영으로 그를 영입하려 하였다. 그가 공산주의 통치 기간 동안 '프롤레타르 시인'으로 칭송받았다는 사실은 작가 생전에는 상상할 수도 없는 일이었다. 체제 전환 이후 그의 작품에 대한 새로운 비평과 평가가 쏟아져 나왔다. 그의 작품은 문학사 이래로 헝가리 문단에서 가장 많이 회자되었다고 해도 과언이 아니다. 비록 32살에 자살로 짧은 생을 마감했지만 "지금까지 존재하던 모든 헝가리 문학이 그의 작품에 녹아있고, 그 이후에 존재하는 것은 모두 요제프 어띨러와 시작되었다"고 하는 평가는 그의 헝가리 문학사적 위치를 잘 표현해주고 있다.

3. 버림받은 아이의 사모곡

요세프 어띨러는 1905년 부다페스트의 가장 빈민가 구역에서 태어났다. 가난한 노동자 부모 아래 1남 2녀 막내로 태어난 그는 네 살이 되었을 때, 아버지가 가출을 하여 누나 둘 그리고 어머니와 남겨졌다. 당시의 상황을 요제프 어띨러는 자신의 소개서에 이렇게 밝힌 적이 있다.

"저는 전국 아동보호 프로그램으로 6살 때까지 외쇠드(Őcsöd)의 양부모님들에게 맡겨졌는데 시골 가난한 아이들이 다 그렇듯 그 때 이미 돼지치기와 같은 일을 하였습니다. 어머니(故뾔체 보르바러)는 제가 7살이 되던 해, 부다페스트로 절 데려와서 초등학교 2학년에 등록시키셨습니다. 저와 제 두 누이를 키우기 위해 어머니는 아침부터 저녁까지 집집마다 돌아다니며 빨래와 청소 일을 하셨습니다. 부모님의 관심이 소홀한 틈을 타 저는 학교를 멀리하고 말썽을 부리고 다녔습니다. 그런데 3학년 읽기 책에서 어띨러 왕에 대한 흥미로운 이야기를 찾아냈고, 독서에 빠져들었습니다. 제 이름이 어띨러, 훈족 왕의 이름과 같아서 꼭 그 이야기가 재미있었던 것은 아닙니다. 그보다 오히려 외쵸드에서 양부모가 저를 삐쉬떠(이스트반의 애칭)라고 불렀기 때문입니다. 저희 양부모는 이웃들의 조언을 구한 뒤에 제가 듣는 앞에서 "어띨러라는 이름은 없다!"고 단언했습니다. 전 마치 제 존재 자체가 의심스러워진 듯 깜짝 놀랐었습니다. 어띨러 왕에 대한 이야기를 발견한 것은 이후 모든 제 노력에 결정적 영향을 주었고 아마도 이 경험이 결국 저를 문학으로 이끌었다고 생각합니다. 이 경험은 저를 철학자로, 타인의 의견을 경청하면서도 내면으로는 검증하는 사람으로 만들었습니다. 제가 생각하는 어띨러라는 이름으로 불러주어야 한다는 것이 증명될 때까지는 삐쉬떠라는 이름에 순응하는 그런 사람 말입니다."

요제프 어띨러는 취업을 위해 이 글을 썼지만, 이 자기 소개서에는 그가 시인이 되는데 큰 영향을 미친 세 가지가 언급되어있다. 가난, 어머니, 그리고 이름이 바로 그것이다.

요제프 어띨러 어린시절. 엄마, 둘째 누나 에뗄꺼와 함께

먼저 이름에 대해서 언급하면 헝가리는 한국과 마찬가지로 성이 이름 앞에 쓰인다. 요제프 어띨러의 요제프는 성이고 어띨러는 이름인 것이다.

그 당시 헝가리에서는 가톨릭 국가에서 흔히 그러하듯 아이가 태어나면 성인(saint)들의 이름으로 작명하였다. 현대 헝가리에서는 어띨러라는 이름이 흔하지만 그가 태어났을 땐 아주 드문

이름이었다. 이 이름은 4세기 유럽을 호령하던 훈족의 어떨러왕 이름을 따 온 것이었고 이민족의 이름이었기에 일반인들에게는 반감마저 느끼게 할 수 있는, 아주 낯설고 강한 이름이었다. 요제프 어떨러가 어떨러라는 이름에 애착을 느끼게 된 것은 동양에서 뚝 떨어져 나온 헝가리 운명을 느꼈기 때문인지도 모른다. 훈족과 헝가리민족은 같은 민족이 아니다. 그럼에도 불구하고 유럽을 떨게 만들었던 아시아 민족 훈족의 위엄은 유럽국가에 같은 동양에서 이주한 헝가리 민족이 강인하다는 인상을 주었다. 유럽에 정착한 헝가리인들이 자신의 모든 것을 부정하고 처해진 열악한 주변 환경에 적응해야 했듯이 요제프 어떨러는 자신을 부정하는 위탁 가정에서 당시 가장 흔했던 뻬쉬떠라는 이름에 순응해야 했던 것이다. 그러나 그는 그의 이름을 잃어버리지 않았다. 후일 훈족의 어떨러왕과는 다른 방식으로 그는 자신의 이름을 유럽에 널리 떨치는 시인이 된 것이다.

가난과 어머니는 그가 시로 가장 즐겨 노래하던 소재다. 그의 어머니는 1919년 위암으로 세상을 떠났다. 15살이었던 시인은 하루아침에 고아가 되어버린 것이다. 그는 작품에서 여러 번에 걸쳐 아픈 어머니에 대한 기억을 회상한다.

> 어머니 뻬체 보르바러,
> 백 개의 다리를 가진 청소솔
> 병균들은 그녀를 먹어 치웠지.
> 위를, 배를 순서대로
>
> — 아버지 요제프 아론(1928)

> 자그마한 어머니는 일찍 죽었지.
> 청소부는 일찍 죽으니까.
> 무거운 짐에 다리가 떨리고
> 다림질에 머리가 아프지.
>
> — 어머니(1931)

첫째 누나가 유대인 변호사와 결혼을 하면서 요제프 어떨러는 지방의 기숙학교에서 공부를 계속할 수 있었다. 그러나 누나 부부는 그에게 가족이 되어주지는 못했다. 매형은 계급을 뛰어넘어 노동자 출신의 아내를 맞이했지만 그 두 동생들을 받아들일 준비가 되어있지 않았다. 요제프 어떨러의 둘째 누이는 매형의 집에서 가정부로 생활하였고 요제프 어떨러는 남들 앞에서 첫째누나를 본명으로 부르지 못했다. 가난한 어린 시절과 어머니의 죽음에 대한 기억은 그에게 지울 수 없는 트라우마로 남았다. 가난 때문에 엄마는 어린 요제프 어떨러를 두고 일을 해야만 했고, 병으로 세상을 떠나야만 했다. 죽음을 맞이한 것은 엄마지만 세상에 버림받은 것은 시인이었다. 그리고 이 트라우마는 이후 그가 우울증으로 정신질환을 치료받으면서도 전혀 나아지지 않았다.

벌써 일주일째
오직 엄마만 생각한다.
삐걱거리는 바구니를 안고
옥상으로 서둘러 가신다.
난 아직 솔직한 인간이었기에
소리지르고 발버둥쳤지.
젖은 빨래는 남에게나 맡기고
옥상으로 날 데려가 달라고.
그저 가 버렸지. 말없이 빨래를 널고,
욕도 않고, 날 쳐다보지도 않고
옷들은 빛나고, 버석거리며,
바람에 높이 올라 빙빙 돌았지.
울지 않을 텐데, 하지만 이젠 늦었어.
얼마나 거대한 사람이었는지 지금에야 보는 걸
하늘에 둥둥 떠 있는 회색 머리.
하늘 물에 청분(靑粉)을 푸시네.

— 엄마(1934)

가난하고 고단했던 엄마에 대한 기억은 꼭 이렇게 아련한 연민으로

만 남지 않았다. 그의 정신병이 깊어갈수록 그는 엄마의 죽음으로 버림받은 어린아이의 비참한 마음을 표현했다.

> 항상 36도 고열에 시달리고 있어요.
> 그런데 엄마는 왜 절 돌보지 않는 거죠?
> 부르기만 하면 공기처럼 쉽게 갈 여자처럼,
> 엄마는 저 세상으로 가버렸지요.
> …
> 그 어떤 사기를 치고 아첨하는 여자들 보다
> 엄마는 더 큰 사기꾼이에요!
> 당신 사랑 밖으로 은근 슬쩍 절 버리다니요..
> 신음하며, 살아있는 당신의 믿음인 절 낳아놓고,
> 나쁜 사람! 아첨하며 주고서
> 마지막 순간에 모두 빼앗아 버리다니!
> 아이지만 욕하고 싶어요.
> 안 들리세요, 엄마! 말 좀 해 보세요!
> …
> 엄마의 사랑에 매달리는 아이는
> 얼마나 어리석은지 깨닫게 되죠.
> 엄마가 낳은 인간은 결국 누구든 실망하니까요.
> …
>
> — 뒤 늦은 애도(1935)

요제프 어떨러는 어머니의 돌봄이 더 이상 필요치 않은 성인이 되어서도 끊임없이 떠나간 어머니를 그리워하고 분노하고 원망한다. 당시 시인의 증상을 정신분열증으로 오진하고 치료하던 정신과 의사들은 프로이드의 무의식 이론을 적용해 치료하고자 하였다. 요제프 어떨러는 자신의 무의식으로 들어가 문제를 찾아내려 했고, 가난했던 어린 시절 이해할 수 없이 갑작스럽게 벌어진 엄마의 죽음에서 그 문제를 찾았다. 심각한 우울증을 앓고 있던 시인에게 우울했던 어린 시절을 끊임없이 상기시키는 이 방법은 시인의 증상을 더욱 악화시킬 뿐이었다.

4. 끝나지 않는 사모곡 : 아이가 엄마를 그리듯 그렇게 당신을 사랑하오! – 요제프 어띨러의 「송가」(Óda) 중에서

사랑에 있어 요제프 어띨러만큼 불행했던 작가들도 드물다. 요제프 어띨러는 세 번의 사랑을 했지만 결혼은 한 번도 하지 못했다. 첫 사랑은 중산층 시민 계급의 유태인 출신 바고 마르터였다. 그녀의 아버지는 진보적 성향을 지닌 시민이었고 젊은 작가들을 후원하는 자리를 자주 만들었다. 이 자리에서 만나게 된 요제프 어띨러와 바고 마르터는 곧 큰 사랑에 빠지게 된다. 그러나 그녀의 아버지는 그녀를 런던으로 유학보냈고 끝나지 않을 것 같았던 둘의 사랑도 끝을 맺게 된다. 요제프 어띨러는 이 이별이 "계급의 차이" 때문이었다고 한 시에 적는다.

두 번째 그가 만난 여인은 불법 공산주의당의 회원이었던 싼또 유디트였다. 그녀와는 6년의 세월을 함께 보냈지만, 사랑이라기보다 서로에게 "동지"와 같은 관계였다. 싼또 유디트는 요제프 어띨러를 위대한 시인으로 받들었지만 한 남자로 사랑했다고는 볼 수 없었다. 그녀는 요제프 어띨러와 사는 동안에도 첫 번째 남편의 성이었던 싼또를 바꾸지 않았다.

세 번째 그는 마지막이자 가장 큰 사랑을 만나게 되는데 이 또한 가장 큰 비극으로 끝난다. 1937년 2월 시인은 코즈무쩌 플로러를 환자와 정신과의사의 관계로 만나게 된다. 첫 만남에서부터 요제프 어띨러는 그녀를 사랑하게 되었고 그녀는 그의 마지막 위대한 작품들의 영감을 불어넣는 뮤즈가 되었다.

> 당신은 날 아이로 만들어 버렸어요. 고통이 삼십 년 동안
> 떨리는 겨울을 이겨내게 키운 것도 부질없는 일이었지요.
> 다닐 수도, 가만히 앉아 있을 수도 없어요.
> 내 사지들은 당신에게 밀고 끌려가요.
> …

먹여주세요, 봐요! 내가 배고프잖아요. 덮어 주세요.. 추워요.
전 어리석어요. 돌봐 주세요.
당신의 부재가 집안의 웃풍처럼 다녀요.
말 해 주세요. 이 두려움이 사라지라고.
…
나같이 무감각한데도 눈에서
눈물이 흐르는 많은 사람들이 살고 있어요.
정말 사랑해요. 당신과 함께
나 자신을 진정 사랑할 수 있었으니까요.

— 당신은 날 아이로 만들어 버렸어요.(1936)

시인의 사랑은 짝사랑이었고, 플로러는 시인의 친구이자 강력한 라이벌이었던 이에 시쥴러라는 작가와 사귀고 있었다. 플로러는 요제프 어띨러의 증상이 악화되는 것을 우려하여 그들의 관계를 밝히지는 않았지만 끊임없이 구애하는 이 환자를 받아들일 수는 없었다.

요제프 어띨러의 사랑시는 어머니를 그리는 또 하나의 사모곡이 되었다.

1937년 12월 3일 그는 32세의 짧은 생을 열차역에서 자살로 마감했다. 그의 죽음은 그때까지 그를 외면했던 모든 사람들의 마음을 열었다. 엄마를 그리는 어린 아이의 울부짖음과 같았던 그의 작품들에 모두가 귀를 기울이게 된 것이다.

"어린이는 스승, 시인은 그 제자"

– 빅토르 위고와 어린이 사랑

이 규 식

어린이—이미지와 현실

생 텍쥐페리는 『어린왕자』 첫 머리에서 다음 구절로 어른과 어린이에 대하여 직선적인 판단을 내린다.

> 모든 어른들은 처음에 어린이였다. 그러나 어른들 가운데 그 사실을 기억하는 사람은 별로 없다.

물론 이 관념은 생 텍쥐페리 작품, 특히 후기에 이를수록 도처에서 부분적으로 수정, 보완되지만 (가령 『전투비행사』에서 고공비행 중 느끼는 느닷없는 어린 시절 추억이나 많은 서한체작품에서 표현하는 유년, 향수, 어머니에 대한 각별한 애정토로가 그러하다.

빅토르 위고의 경우 생 텍쥐페리와는 대조적으로 어린이, 유년성의 존재를 끊임없이 환기한다. 작품에 나오는 페이앙틴이라는 곳은 파리

빅토르 위고 주요작품의 주인공 그림

에서 가장 적막하고 평온한 지역의 하나로 위고는 현실과 고립된 이곳에서의 몇 년간을 향후 전개될 문학연보의 소중한 실마리로 삼는다. 페이앙틴에서의 유년 추억은 대체로 울창한 자연환경과 어머니의 훈도 그리고 함께 기거했던 노사제로부터 받은 정신교육에 힘입어 위고 생애를 시종하며 지속된다. 행복했던 유년시절의 추억과 여기서 펼쳐지는 갖가지 인상은 더 너그럽고 폭넓은 어린이觀을 형성할 수 있었던 것이다. 위고는 이 시기의 기억을 자신의 저술 『행동과 말』가운데 〈권리와 법〉편에서 소상히 밝히고 있다.

> … 나는 나뭇가지 사이로 오래된 예배당을 바라보곤 했다.
> 부서진 창문들 너머로 안쪽 벽면이 보였는데
> 조개껍질이 이상한 모양으로 박혀있었다. 새들이
> 창문으로 드나들었다. 새들은 그곳이 자기 집이었다.
> 하느님과 새들, 그들은 함께 잘 어울렸다.

그리하여 초기시집 『오드』로부터 위고는 이미 유년성에 관한 주요 사상의 하나를 나름대로 정립할 수 있었던 것이다.

> 나는 억눌린 목소리로 노래를 부르며 걸어갔다
> 남모르게 내 발자국을 모두 살펴본 어머니는 이렇게 말씀하시며
> 눈물을 흘리고 미소 지었다.
> "그에게 말하고 있는 건 요정이야. 우리 눈에는 보이지 않지"

페이앙틴의 추억은 자연스럽게 초자연적인 것과 우주의 신비, '동화'에 근접하는 장소와 연결되는 어린이를 생각하였고 어떤 중재자의 형상(가령 요정, 어머니, 자연 등)을 지닌 존재의 목소리에 둘러싸인 어린이 모습이 여기에 덧붙여진다. 어린이의 모습은 위고 작품에서 여명과 죽음이라는 대비적인 극점에 자리 잡는다. 신비 근처의 두 극단에 어린이가 위치하게 된 이유는 자신이 체험했던 여러 극적인 사건의 영향으로 어린이 이미지에 거의 강박관념적인 위상을 부여하게 되었다. 그와 함께 인간정신, 내면세계에 어린이의 순진성이 행사하는 성스러운 매력의 힘을 강조하였다. 여기서 위고가 어린이를 바라보는 기본관념이 형성된다. 작품과 상황에 따라 다소 편차를 보이지만 만년에 이르기까지 한결같은 관점을 유지할 수 있었던 것도 자신의 굴곡 많은 삶의 투쟁에서 필요한 힘을 유년성에서 끌어 올 수 있었기 때문이다.

빅토르 위고 초상

> 어린아이가 나타나면 둘러앉은 가족들은
> 손뼉을 치면서 소리를 질렀다. 아이의 부드럽고 반짝이는 눈빛은
> 모두의 눈을 빛나게 한다…

그러나 자신의 세 아이가 먼저 세상을 떠나고 특히 맏딸 레오폴딘의 죽음이 가져온 고통은 치명적이었고 애인 쥘리에트 드루에의 딸 클레르 프라디에의 죽음이 이어지면서 위고의 어린이 이미지는 한결 깊어지고 명상과 철학의 차원으로 들어갈 수 있었다. 아울러 위고의 작품에서 어린이, 유년성은 인물의 나이를 수학적으로 범위를 정할 수 없게 한다. 출생으로부터 연대기적으로 나이를 채워가는 순서가 아니라

때로는 유년기를 공백으로 남기고 훌쩍 시간을 뛰어넘는 경우도 있다. 가령 「레 미제라블」에서 악덕 여인숙 주인 테나르디에의 딸들은 유년기가 비워진 상태로 어느 사이 나이가 들어버렸다. 사회적 빈곤이 어린 시절의 형성을 막아버렸고 그 결과 그들은 보다 혹독한 시련과 운명의 무게를 감당할 수밖에 없었던 것이다.

더구나 세월의 햇수 또한 위고의 어린이와 관련하여서는 별 의미가 없다. 19세기 프랑스가 겪은 혼란한 체험, 즉 거듭되는 정치체제의 연속, 가치관 전도 같은 여러 요인들은 위고에게 모든 연대기가 거꾸로 뒤섞인 체험을 안겨준다. 자신보다 훨씬 먼저 세상을 떠나거나 사회적 폐인이 되어버린 자녀들 앞에서 이러한 혼돈은 불가피했을 것이다. 어린이의 이미지가 특히 시와 일부 소설 그리고 자서전적 요소를 드러내는 서정성에 많은 영감을 부여하였지만 이 밖에서도 서사시, 드라마 같은 모든 문학 장르에서도 직·간접으로 우리는 다양한 어린이의 모습과 이들을 향한 위고의 시선과 목소리를 만난다.

어린이의 역할—배우와 희생자

위고와 더불어 비로소 '어린이'는 프랑스 문학작품에서 오늘과 같이 지속적이고 괄목할만한 비중을 차지하고 중요한 위치에 오를 수 있었다. 위고의 문학 업적 가운데 어린이에 대한 배려와 관심은 특히 2002년, 탄생 200주년을 계기로 새롭게 조명·평가되고 있다. 위고이전 프랑스문학에서 어린이가 주된 관심사나 핵심 등장인물로 부각된 전례는 많지 않다. 18세기 후반 루소가 「에밀」에서 부분적인 중요성을 강조한데 그친데 비하여 괴테는 「빌헬름 마이스터」같은 성장소설을 통하여 유럽 낭만주의 운동에 끼친 관심을 나타냈고 찰스 디킨스의 경우 「데이빗 커퍼필드」에서 문제제기의 강도를 높였다. 물론 이전에도 어린이가 나오고, 어린이용으로 쓰여진 콩트의 오랜 전통은 존속하였다. 그러나 19세기 들어 어린이가 문학 장르에 대거 등장하면서 더러 단순화하고 피상적인 이원론적 작품 속에서 대체로 부르주아 이데올로기 규명을 목적으로 원용되었다.(쥘 베른의 모험소설, 엑토르 말로의 「집 없이」 같은 사회소설, 쥘 발레스의 「어린이」 등이 있고 20세기 들어 에르베 바쟁이 쓴 「손아귀에 든 독사」 류의 모험 · 풍자소설이 여기 속한다)

그때까지 문학세계에서 별반 가치가 없다고 간주된 주제에 대한 관심의 기초를 닦는데 위고는 기여한다. 작가가 유년 시절에 크게 빚진 것이 없다는 관점은 고대 아우구스티누스의 「고백록」 으로부터 (모든 것이 지난일입니다. 내 어린 시절은 이제 없습니다. 말하자면 내가 아직 살아있긴 하지만 어린 시절은 죽었습니다…) 보들레르에 이르기까지(천재란 "마음껏 되찾은 어린 시절"에 다름 아니다. 자신을 표현하기 위해 저도 모르게 모아놓은 자료들 전체를 주문할 수 있게 해주는 분석적 정신과 왕성한 기관을 현재 부여받은 어린시절 말이다.) 대체로 지속되었다.

위고 작품에서는 드디어 어린이가 드라마 구조의 중요하고도 본질적인 '배우'가 되는 새로운 위상이 확보되었다. 「레 미제라블」 도입부에 장 발장과 어린 사부아 아이 생-제르베를 대립시키는 만남이 없었다면 이야기와 논리는 다른 방향으로 흘러갔을 것이다. 미래의 자베르가 연상되는 영악한 아이와의 만남에서 향후 장 발장이 겪게 될 험난한 삶의 도정이 예고된다. 장 발장은 코제트를 만남으로써 잃어버린 유년 시절을 다시 구축하고 박애와 연민이라는 이상적인 삶의 체제를 완성할 수 있었다. 벌판에서 놀고있는 외로운 아이에게서 뺏은 동전 몇 푼. 그것을 돌려주지 않는 장 발장. 필경 자베르의 집요한 추적을 부르게 될 이 대목에서 장 발장은 죄책감을 느끼며 전과자로서 이 행동은 그를 단죄하기에 이른다. 그러나 「레 미제라블」에서 극적인 아이러니는'대조와 중성화'를 통하여 이루어진다. 장 발장에게 주교가 베푼 자비, 그로 인한 회심을 도출하기 위하여 어린이와의 만남은 필요하였다. 장 발장이 도덕적으로 구원된 것은 이 마지막 악행이 결정적 기능을 수행하고 있다.

어른에게 결핍된 것을 어린이들은 가지고 있다. 당당하고 무시무시하면서 놀라움에 차있는 어른들을 구하러 오는 것은 어린이들이고 낭랑한 나팔 소리가 어른들이라면 어린이는 부드러운 장밋빛 입속에 구원의 말과 '언어'가 있다는 것이다. 위고에게 있어 어른들을 어리둥절하게 하면서 마침내 인간화시키는 것 또한 어린이들이다. 증오에 의하여 맹목화 된 어른들의 행동에 이성을 불어넣어 주는 것 역시 어린이의 몫인 것이다. 어린이가 차지하는 위상을 통하여 우리는 그 사회 상태를 읽을 수 있다. 어린이가 받는 대접을 분석하면 그 사회의 병리보고서가 드러난다. 아이는 방어력 없는 존재, 역사의 격변과 비참한 시기, 빈곤의 현장에서 절망과 희망의 진정한 척도가 되기 때문이다. 위고의 시대나 오늘날의 상황이 여기에서 크게 다르지 않다. 「레 미제라블」의 다음 대목은 이러한 논지를 요약한다.

> 이제 온갖 공포스런 일이 일어날 수 있다.
> 절망은 악덕과 죄에 다 내어주는
> 부실한 벽으로 둘러쳐져 있다.

중세부터 17세기에 이르기까지 어린이에 대한 이미지는 일반적으로 부정성향에 치우쳤다. 「파리의 노트르담」의 콰지모도처럼 중세시대 어린이는 자유가 박탈되고 사소한 육체의 움직임도 어른에게 의존할 수밖에 없는 부자연스럽고 종속적 존재로 묘사되었다. 17세기에도 크게 다르지 않았다. 요컨대 어린이는 그때까지만 해도 역사의 추방자, 인류 밖의 존재였으며 역사는 어린이에게 어두움을 부과하여 중심권으로의 진입을 가로 막았던 것이다.

프랑스 혁명기에 이르러 어린이 관념은 변모한다. 「웃는 남자」에서 위고는 주인공의 진술을 통하여 그때까지 어둠에 싸였지만 향후 하나의 현실과 실체로 자리 잡는 어린이 존재의 전환점을 시사한다. 복합적 존재로서의 특성은 인정하고 있는데 낭만주의가 묘사하는 총체적 인간의 실체라는 관념과 동일선상에 있는 것은 물론이다.

> 나는 괴물이다. 어찌 생각하는가. 아니
> 나는 민중이다. 나는 예외인가?
> 아니, 나는 모든 사람이다. 예외는 당신이다.
> 당신은 악몽이고 나는 현실이다.

대혁명 이후 프랑스 서북부 방데지방의 농민 봉기를 주제로 한 소설 「93년」에 이르러 마침내 어린이 이미지는 본질적인 긍정의 면모로 나타난다. 그때까지 드리워졌던 불만스러운 어두움을 찾아볼 수 없다. 미셸 플레샤르의 세 아이는 혁명 후 공화파에 가담한다. 랑트낙 탑에 감금되었으나 어린이들은 어느 순간에도 자신들의 상황을 인식하지 못한다. 내란의 공포 속에서도 그들은 절대순수를 견지하는데 반혁명 올빼미 당원들은 그들을 위협하면서 급속히 타락해 간다. 불굴의 정신과 정치행동에 대한 확신에도 불구하고 늙은 랑트낙 후작은 세 소년이 불길 속에서 죽는 것을 볼 수 없었다. 어머니의 외침은 내란이 표방한 온갖 이데올로기를 이내 뛰어넘는 의미를 드러냈다.

> 이 비속하고, 무식하고, 분별없는 어떤 도시가
> 절망의 어마어마한 몫을 갑작스레 가져갔다.
> 커다란 고통은 영혼의 엄청난 팽창이다.
> 이 어머니, 이건 모성이었다.
> 인간성을 요약하는 모든 것은 초인적이다.

탑에서 지하로 도피한 랑트낙 후작은 어린이들을 구하러 다시 오는데 공화파에 체포될 줄 알면서도 스스로 택한 결과 마침내 인간 공동체 속으로 다시 편입될 수 있었다. 어린이들은 적대적인 두 파당의 공조로 구출되었다. 화재 속에서의 어린이의 미소와 믿음이 온갖 비인간적인 요소를 능가한다. 어린이들의 천진함과 고통으로 싸움터는 때로 환하게 빛날 수 있었다. 그러나 책임성 없는 사회공간은 가장 천박한 논리에 어린이들을 복종시키고 마침내 진정한 지옥이 되어버린다. 그 시대의 사회문제에 결부시켜 어린이들을 묘사한 작품은 「레 미제라블」을 위시하여 「여러 세기의 전설」, 「정관시집」 그리고 「모든 리라」에서 위고가 선호하는 주제의 하나로 될 수 있었다.

다시 말하면 위고의 많은 작품은 유년성의 계시로 빛나고 있다. 1981년 「가을 나뭇잎」과 1877년 「할아버지 노릇하는 법」에서 드러난 손자손녀로부터 얻은 영감에 이르기까지 위고는 단연 '어린이의시인'임이 증명된다.

내면적이고 즐겁고 때로 고통스럽던 영감이 사회적, 문화적 희망을 향한 동요로 바뀌었다. 이것이 곧 위고 문학의 진보 그 자체라고 말할 수 있다. 어린이에 대한 위고의 사유구조 변화는 곧 그의 문학성숙을 증거하고 있는 것이다. 〈멜랑코리아〉에서 묘사한 어린 노동자들, 빌키에에서의 맏딸 레오폴딘의 비극적 죽음, 1851년 12월 4일 쿠테타에서 희생당한 아이들 그리고 「레 미제라블」의 가브로슈 등 그사이 숱한 어린이가 명멸하고 있지만 위고는 유년 앞에서 경탄과 사랑의 외침을 한순간도 놓칠 수 없었다.

> 무엇을 원하는가? 어린이가 자기 마음대로
> 나를 쥐고 흔든다. 나는 마침내
> 순진함만을 사랑하게 되었다. 모든 인간들은
> 구리이고 납인데, 어린 시절은 황금이다.

테오필 고티에의 평가는 그러한 의미에서 일견 적절해 보인다.("시에서의 위고로부터 '어린이'가 연원했고 그의 작품 속에서 살기 시작했을 따름이었다") 사실 위고는 유년의 주제에서 출발하여 사회문제로 확대시키고 여기에서 파생되는 이러저러한 문제를 포괄하여 그의 생애 후반기 인도주의 사상 실현의 구체적 방안으로 삼고 있었다. 「할아버지 노릇 하는 법」은 그러한 의미에서 고도의 '정치선언문'이라고 볼 수 있다. 어린이의 섬세하고 귀여운 면모와 거기에서 어느새 싹터오는 피할 수 없는 인간의 쇠퇴를 바라보는 진지한 시선이라는 이원성을 유지하지만 어린이는 작은 인간이며 이를 수 있는 모든 지향이 성취될 권리를 가져야 한다는 주장은 위고가 어린이를 생각하는 변하지 않는 출발점이 된다. 모든 편견에서 해방되고 공개적이고도 집요한 투쟁은 어린이와 자유, 교육 확대 같은 위고의 사회참여로 구체화 되었던 것이다. 1848년~1850년 프티-부르 박애협회를 주도하여 어려움에 처한 어른, 아이, 고아에게 도움을 주었고 망명지 건지 섬에서는 불우아동을 위한 국제운동으로 확대를 시도하였다. 「레 미제라블」 집필을 끝낸 뒤 박애의 실천을 가속화하기로 결심하고 다양한 활동으로 가시적 도움을 펼친 바 있다. 보는 관점에 따라 성공하고 풍요한 인간의 단순한 관용이나, 교묘하고 효과적인 광고활동으로 활용했다고 평가할 수 있으나 중요한 것은 위고가 아동복지사상을 혁신시키지는 않았으나 그 역동성을 증폭 시킨것 만큼은 분명하다. 영국인 톰슨 여사가 위고처럼 런던에서 가난한 아이를 위한 저녁과 성탄행사를 연 사실을 매스컴에서는 대대적으로 보도하였고 스위스, 미국에서도 줄을 이었다. 그는 자신이 주도하는 작업에서 불행한 사람들이 조금의 열기와 기쁨을 얻는 것을 알고 있었다. 또한 위생학자의 입장에서 불우소년 소녀들의 건강과 영양을 개선하려는 캠페인을 구상하였고 교육을 통하여 자유 이상을 보급시키기 위한 발판을 삼으려 하였다.

위고가 시도한 실천적 박애는 복음서 정신과 혁명정신 사이의 만남의 접점이 되는 동시에 기독교인과 공화파간의 필요한 경쟁이 될 수 있었다. 박애는 요컨대 삶의 조건 개선에 관심있는 모든사상에 공통인 가치일뿐더러 행동하는 다원론이 의도하는 아름다운 교훈이 되는 까닭이다.

어린이의 권리

어린이, 이것이야말로 최고의 문제이다.
— 과학국제회의 연설 중

'어린이의 권리' 라는 개념을 구체화한 위고의 탁견은 주목할 만하다. 어린이를 물건이나 소유물로 여기는 현실을 단죄할 수 있는 규범화된 사법, 윤리적 요구를 가능하게 하기 위하여 어린이를 권리의 주체로 확립하는 작업이 시급한 과제임을 인식하였다. 위고가 항거한 대상은 맞는 아이, 박해받고 성폭행 당하고 작업이나 쾌락의 도구로 취급당하는 경우에만 그치지 않는다. 판단을 자유롭게 해주는 교육과 문화 계발 기회를 박탈당하고 나이에 맞지 않게 제약과 조건이 부과되며 어른에 의해 원치 않는 광신으로 이끌리는 어린이 모두를 포함한다. 19세기 초·중반 위고가 맞선 사회악은 바로 지금 우리 사회에도 여전히 존재한다. 위고는 어린이에 대한 애정과 어린이에게 바치는 서정성으로 이를 구체화하는데 이는 깊은 확신의 필연적 결과였으며 특히 어린이는 권리의 주체라는 믿음이 그 주종을 이룬다. 그것은 자유에 대한 갈등과 모든 권위적 후견으로부터 벗어나 해방된 인간이 되는 방식으로 구체화된다. 자유스러운 교육과 권위적이고 억압을 일삼았던 코르디에르 기숙학교 생활이라는 상반된 체험 속에서 위고는 젊음, 유년, 어린이를 맹목적으로 예찬하지는 않는다. 어린이는 미래의 어른을 결정하므로 지워지지 않는 흔적을 남기는 상처는 피해야 한다는 것이다. 유년시절의 체험으로 상당부분 미래는 결정되므로 '어린의 권리'는 더욱 귀중하고 성스럽다.

> 인간의 뇌는 일종의 끔찍한 밀납이다.
> 이상이 그를 건드리는지 아니면 심연이 그를 붙잡는지에 따라
> 선이나 악의 자국이 찍힌다.

어린이는 어른에게 속한 것도 아니며 소유물은 더욱 아니다. 그때까지 내려오던 '아버지 권리'의 과도함에 대한 위고의 비판은 준엄하다. 「행동과 말」 중 〈권리와 법〉VII에서 위고는 '어린이의 권리' 개념 형성과정을 이야기하였고 '어린이 권리'는 잠재하고 있는 것, 가능성에 부여된 기회를 보장하는 것이 중요하다고 역설한다(1850.1.15 연설). 당시의 팔루법안은 교회 통제 하의 교육계획이므로 이러한 점을 간과했다고 비난하였다. 공권력으로 어린이의 성취에 장애가 되는 모든 것을 제거할 의무가 있으며 지적교양의 성취와 부당한 취급에서 보호되어야함을 역설한다. 1878년 위고는 아동보호협회 창설을 지원하는데 당시 사생아는 연간 5만명에 달하였다. 국가의무가 결핍되었을 경우 사회주도가 필요한데 국가가 교육의무를 담당한 모순이 거기 있다.

자연스럽게 '어린의 권리'는 '교육의 권리'로 집약된다. 1872년 6월 위고는 '일반초등학교협회' 트레부아 회장에게 편지를 보내 '교육(education)과 훈련(instruction)'의 구분을 명확히 하고 교육의 본질과 지향점을 구체적으로 밝힌 바 있다.

> 나로 말하면, 나는 두 가지 분명한 사실,
> 교육과 훈련을 똑똑히 알고 있습니다.
> 교육, 교육을 하는 것은 가정입니다.
> 훈련, 훈련을 하는 것은 국가입니다.

어린이는 가정에서 교육받고
국가에서 훈련받고 싶어합니다.
아버지는 아이에게 자신의 신념과 철학을 심어주고
국가는 아이에게 적극적인 가르침을 주는 것입니다

명쾌하고 단호하게 구분 지은 두 개념의 본질은 오늘날에도 여전히 유효하다. 위고는 이어 교육은 종교적이어야 하며 훈련은 신앙과 무관해야 한다고 지적하고 그러므로 교육영역은 '양심'이며 훈련은 '과학'이라는 것이다. 차후 이 두 명제는 서로 보완되어 오늘의 표현으로 시너지효과를 기할 수 있을 것이라는 전망을 함께 덧붙였다.

어린이의 상징과 힘, 어린이와 어른

어린이에 관련된 담론은 위고의 사회적 낭만주의라는 명제의 큰 줄기를 이룬다. 어린이들의 순진함이 어른들의 부정과 편협함을 비웃고 비판하는 원천이 된다면 「레 미제라블」에 등장하는 파리 바리케이드 시가 전의 악동 가브로슈는 그 전형적 인물이다. 입심 좋고 예민한 파리의 악동, 조롱끼 넘치는 웃음 속에서 가브로슈는 보편적 의미로서의 '불쌍한 사람들(미제라블)'의 범위와 한계를 초월한 듯이 보인다. 비참과 시련을 극단으로 밀고나가는 가브로슈가 죽은 병사 시체 위에서 탄알을 주으며 노래 부르는 장면은 매우

파리 클리쉬 거리 21번지 위고 집 거실 (왼쪽 어린이가 위고의 손자손녀)

상징적이다. 죽음을 비웃는 듯 볼테르와 루소 이름을 흥얼거리는 가브로슈를 관통하는 총알은 결국 세상의 젊음을 겨눈 것이다. 부랑아 입에서 흘러나오는 철학자들의 이름은 역설적으로 그때까지 엘리트와 하층만 사이에 존재한 커다란 간격을 메우는 또 다른 상징일 수 있을 것이다.

> 나는 땅에 넘어졌다.
> 이건 볼테르 잘못이야
> 개울 속에 코를 박고
> 이건 누구 잘못…
> 그는 멈추지 않는다. 같은 총구에서
> 두 번째 총알이 짧게 그를 붙잡았다.
> 이번에 그는 얼굴을 포도에 처박고 쓰러진다.
> 그는 더 이상 움직이지 않는다.
> 이 조그만 위대한 영혼이
> 방금 하늘로 날아간 것이다.

삶의 첫머리에 있는 어린이와 삶, 삶의 여정 끝에 놓인 인물 사이에 위고는 일종의 묵계, 암묵적 소통경로를 열어놓는다. 간격을 벌여놓고 이를 접근시키기 위하여 동시에 사용한 대조법은 위고의 전형적인 수사법에 속한다.

> 어린이는 매우 작고 조상은 매우 늙었다.
> 모욕하는 자는 전혀 걱정하지 않는다.

어린이에 대한 어른의 힘을 바라보는 생각자체가 전도된다.

> 봄은
> 늙은 겨울에 대해 젊은이의 모든 권리를 갖는다.
> 마치 어린 손자 폭군과 피압박자 할아버지가
> 함께 알뜰한 살림을 꾸려가는 것 같다.

인습적으로 어린이는 과오와 번번이 연결되어 왔는데 위고는 이를 논박하면서 교회와 교리를 공격한다. 1871년 5월 27일 밤 위고의 집이 공격당하면서 손녀 잔은 일부 불량 아동들로부터 돌에 맞을 뻔한 위기를 겪는다. 위고는 돌 던진 아이와 어머니를 벌하지 않았지만 순진한 영혼을 광신으로 이끌기 위하여 참과 거짓을 섞고 복음서 원리를 오도하는 일부 종교단체를 격렬히 비난하였다.

> 가엾은 어머니여, 당신 아들은 자기가 무슨 짓을 하는지 모른다오.
> 하느님이 그의 싹을 트게 했을 때, 사제가 그를 숨막히게 했다오.
> 오늘 검은 숲 속에 그가 있구려,
> 교리란! 무지가 명령하는구나. 그는 모든 것을 마실 준비가 되어 있다오,
> 잘못이든, 진실이든, 선이든, 악이든, 실수든, 피든
> 모든 것을! 때리시오! 그는 순종하오. 죽이시오! 그는 동의하오.

만년의 위고는 인자한 할아버지, 지칠 줄 모르는 논전자, 예리한 풍자가, 변함없는 애국자, 성숙에 이른 철학자로서의 권위를 간직하면서 나이를 비껴가는 부드러운 능숙함과 직관을 가진 예술가의 장인정신을 드러낸다. 어린이를 축으로 하는 노년의 사상으로 독자를 이끌어간다.

어린이들에 대하여, 확대되고 너그러운 서정의 진폭을 투사함으로써 환각을 일으키는 표현에까지 다다르고 있다. 할아버지와 어린이 사이에서 드러나는 서정의 양상은 할아버지의 경우 어린이들과 유희를 함께하며 무구한 기쁨과 자유를 배운다. 어린이에게는 기도와 사랑을 가르치면서 이 둘의 관계는 「할아버지 노릇 하는 법」의 기본구도를 이룬다. 이 시집에는 어린이에게 바친 시와 일부 상송, 진지한 주체의 상황 시 등이 수록되었는데 앞에서 언급한 것처럼 오로지 '어린이'만이 전 주제를 통괄하는 듯한 제목이 주는 인상은 수정이 필요하다. 사회

적, 시기적 특성이 시인에게 제공하는 가치에 의미를 둔다면 고도로 능란한 상황시집, 정치시집으로 간주해도 무방할 것이다.

> 오! 천둥치는 집에 어떻게 뚫고 들어갈까?
> 젊은이는 사려 깊은데 노인은 심란해한다.
> 미지의 세계 앞에서
> 희미하게 별이 돋은 떨리는 저녁은
> 전율하는 새벽을 닮는다.

손녀 잔과 손자 조르주

유년성을 드높이려는 의도에서 위고는 스스로를 어린이에 동화시켜 '할아버지—아이'가 되려한다. 초기부터 일관되게 자임해온 사명을 만년에 이르러 동심에 이입하면서 심화하려는 의지는 이 시집에 가해진 부정적 평가(이를테면 '짐짓 꾸민, 통속의 세계, 빛바랜 가족사진 구도에 멈추는 협소한 시각' 등)를 넘어서면서 그 자체적으로 유년성의 근거를 드러내 보임으로써 의미를 보강하고 있다.

할아버지와 시인의 위상이 겹치면서 어린이와의 대화를 통하여 노인에 대한 존경과 어린이 사랑을 꿈꾸며 권위와 결별하고 관용을 장려하는 어른다움을 보인다. 요람 속에서 잠든 손녀의 손에서 숭고한 메시지를 얻는다. 위고가 의도한 '마법사—시인'을 향한 여정은 유년시절부터 노년에 이르도록 계속되는데 숭고한 메시지, 영혼을 위로하는 목소리는 어린이의 순수함 속에서 감각을 통하여 계시된다.

> 그렇지만 아이는 잠이 든다. 마치 그의 꿈이
> 내게 말하는 듯하다. - 진정하세요, 오, 아버지, 관대하세요!
> 나는 네 손이 가만히 내 손을 누르는 걸 느낀다.

저주의 증오를 망각과 용서로 대치한다. 복음서의 근간인 용서의 문제는 여기서도 지속적으로 거론되고 있고 자비는 정의에 다름 아님을 강조하면서 그것이 전적으로 순진무구한 창조의 기본 권리임을 밝힌다. 세상의 원초성은 어린이가 보여주는 순수한 내면세계를 통하여 구현되는데, 내맡겨진 어린이 손은 정관자 시인에게 초월적이고 향수를 불러일으키는 박애의 표현으로 드러난다.

> 거기서 너를 볼 때, 내 손이 네 손을 잡고 있을 때
> 바람은 폭풍 소리를 비파 소리로 바꾸고
> 어두운 밤도 네 꿈길 위에서 미소 지었으면 좋겠구나

어린이가 드러내 보이는 여러 특성과 함께 위고의 만년서정은 농축된다. 거기에서 어린이들의 시선은 보이지 않는 것의 경계를 넘어 관통하며, 그들의 귀여운 재잘거림에서 신비와 무한의 별이 총총히 박힌 경치까지 그려진다. 범용한 일상사에서 신비의 비전을 감지하며 이 세계의 비밀을 해독하는 경지에 당도할 수 있었던 것이다.

어린이와 시인

시인과 어린이는 은밀한 공모를 나눈다. 위고사상의 지속성을 이룬 '어린이가 스승이다'라는 믿음은 오래 유지되면서 '시인은 그 제자다'라는 명제로 바뀐다. 이들의 역학관계는 균형을 유지하고 있다. 어린이는 시인이 자신을 스승으로 생각하는지 모르고 있고 어린이의 모든 힘은 그 스스로 지식의 무지에 있는 까닭이다. 어린이는 순수한 무상성 속에서, 저의나 속셈 없이 질투 없는 사랑을 할 수 있다는 것이고 우주적 영매(靈媒)로 나타나는 어린이와 시인은 숲을 산보하며 그들의 리듬에 귀기울인다.

어린이들을 이끄는 족장으로서
나는 어린이들이 놀고 쉬는 시간을 따라
그리고 그들의 사랑스러운 작은 발걸음을 따라
내 걸음걸이를 조정할 것이다.
그들은 꽃을 딸 것이고 오디열매를 먹을 것이다.
오 숲의 광활한 평화여! 오 속삭임이여!
온통 향기를 내뿜으며 돌아와 사월이 모두를 진정시켜 준다.
나는 여기서 오직 사랑 말고는 할일이 없다.

위고가 이해한 어린이는 본능적으로 존재, 사물의 언어를 이해한다. 세상의 중심에 있지만 그것을 모른 채 존재한다. 어린이는 완서법(緩敍法) 그 자체이다. 시 창작 작업과 아이들 놀이는 유사성이 있다고 강조했다.

시를 쓰는 아이들이 느끼는 삶의 기쁨 사이에는 상보성이 확립되어야 한다는 것이다.

나의 모든 시, 그것은 너희들이다. 내 정신은 너희의 환상을 따른다.
너희는 반영이고 광휘이니
때때로 그토록 어두운 내 시들이
너희로 인해 빛나는구나.

어린이는 자연스럽게 종교성을 지향하고 이 '직관적 종교'는 '그 모든 것'과 소통하므로 시인은 요람 옆에 위치하여 어린이의 속삭임을 듣는 것이다.

어린이의 시선을 위해 하늘은 베일을 벗는다
너의 두 눈이 아니라면
어디서 우리가 별들의 비밀을 찾아낼까?
어린이를 숭배하라…

"Je suis une âme.

Je sens bien que ce que je rendrai à la tombe, ce n'est pas moi.

Ce qui est moi ira ailleurs.

Terre, tu n'es pas mon abîme !"

위고 서명과 명구(銘句)
"나는 하나의 영혼이다. 내가 무덤에 돌려줄 것을 나는 잘 알고 있다. 그것은 내가 아니다. 내 존재는 다른 곳으로 갈 것이다. 대지여, 그대는 내 深淵(심연)이 아니다!"

위고의 어린이 이미지는 시적 비전, 즉 정신적, 감성적 영역과 역사적, 객관적 현실을 포괄하는 정치적 비전에 연결된다. 그만큼 정확하고 완벽을 지향한다고 말할 수 있다. 우리는 위고 작품에서 어렵지 않게 오늘날 어린이와 같은 상황에 처한 아이들을 발견한다. 바로 이 순간에도 학대, 약탈, 상처, 방기(放棄), 매춘 등에 떨어진 어린이가 넘쳐나고 있다는 현실은 위고의 시각과 해법이 아직 유효함을 보여준다. 어린이가 가진 열정과 힘, 약속과 순수함은 그대로 위고의 시적 주제가 될 수 있었다.

1883년 10월 30일 위고의 마지막 시는 모든 어린들이 미래에 자유, 진리의 수탁자가 되기를 염원한다.

> 어린이여, 민중들이 너를 보고 있다.
> 군중들이 너를 돌아본다. 시저는 자신의 근위병들 속에
> 너를 두기 원하고
> 예수는 자신의 율법 속에
> 너를 두기 원한다.
> 시저의 근위병도 예수의
> 제자도 되지 말라.

그들 둘은 아주 위대한 인간이지만
두 봉우리 위에 그들을 놔두고
너희는 진리의 사도가 되어라.

프랑스 상징시인 랭보가 시집 『착색판화집』에서 〈어린시절〉이라는 제목을 붙인 아래 시행은 위고의 어린이 이미지에 화답하는 듯 공교롭다. 우주적 비전과 천의무봉한 상상력 차원에서 흥미로운 유사성을 보이는 위고와 랭보 두 시인의 유년, 어린이에 관한 보다 심도 있는 비교 연구는 차후의 과제로 넘긴다.

나는 난바다에서 사라진 방파제 위에서
버림받은 아이가 되리
이마로 하늘을 건드리며
오솔길을 걷는 어린 시동이 되리라.

■ 글쓴이 프로필

▸ 편저자

- 이규식 ‖ 한국외국어대학교, 동 대학원 졸업, 문학박사, 문학평론가, 한남대학교 문과대학장, 프랑스어문학과 교수

▸ 필진

- 김규진 ‖ 한국외국어대학교 졸업, 미국 시카고대학교 슬라브어문학과 박사과정, 한국외국어대학교 체코 · 슬로바키아어과 교수

- 김성일 ‖ 한국외국어대학교, 동 대학원 졸업, 러시아 상트-페테르부르크 대학교 문학박사, 청주대학교 문화콘텐츠학과 교수

- 김우조 ‖ 한국외국어대학교 졸업, 인도 비스바 바라티 대학 문학박사, 한국외국어대학교 인도어과 교수

- 김일구 ‖ 고려대학교 졸업, 미국 텍사스 공과 대학원 문학박사, 한남대학교 영어영문학부 교수

- 김일도 ‖ 한국외국어대학교, 동 대학원 졸업, 문학박사, 한국외국어대학교 일본어과 강사

- 김중현 ‖ 한국외국어대학교, 동 대학원 졸업, 프랑스 낭시 대학교 문학박사, 한국외국어대학교 프랑스어과 강사

• **신용순** ‖ 숭전대학교 졸업, 명지대학교 문학박사, 시조시인, 서예가, 중부대학교 유아특수교육과 교수

• **신의연** ‖ 전남대학교 졸업, 충남대학교 문학박사, 서남대학교 (아산캠퍼스) 중국어학과 교수

• **이철우** ‖ 충남대학교 졸업, 독일 쾰른 대학교 철학박사, 충남대학교 독문과 강사

• **조구호** ‖ 한국외국어대학교 졸업, 콜롬비아 하베리아나 대학교 문학박사, 한국외국어대학교 스페인어과 교수

• **진경애** ‖ 한국외국어대학교 졸업, 헝가리 엘떼 대학교 문학박사, 한국외국어대학교 헝가리어과 강사

• **하일선** ‖ 이화여자대학교 졸업, 독일 쾰른 대학교 철학박사, 인하대학교 교육학과 강사

문학, 사랑을 말하다

발 행 일 | 2013년 5월 31일

편 저 자 | 이규식
발 행 인 | 李憲錫
발 행 처 | 오늘의문학사
출판등록 | 제55호(1993년 6월 23일)
주　　소 | 대전광역시 동구 삼성1동 125-6 한밭오피스텔 401호
전화번호 | (042)624-2980
팩시밀리 | (042)628-2983
홈페이지 | http://www.lito77.co.kr(홈페이지)
전자우편 | hs2980@hanmail.net

공 급 처 | 한국출판협동조합
주문전화 | (070)7119-1741~2
팩시밀리 | (031)944-8234~6

ISBN 978-89-5669-561-7
값 12,000원